函館 おとなの美食BOOK

至福のランチ&ディナー

でざいんるーむ 著
髙橋 ゆかり 写真

Mates Publishing

CONTENTS

函館
おとなの美食BOOK
至福のランチ&ディナー
全体MAP
セブン
イレブン
赤川通
ヤマダ電機
347
MEGA
ドン・キホーテ
産業道路
レストラン
nana-papa
cake & restau
La Riviere
100
Jolly Jellyfish
医師会病院
赤川通
亀田川
キッチン
Duke
函館白百合
学園高校
函館大谷
短期大学
café dining
greed
熊猫社中 洋食キッチン
Sato
7p ▶ 五稜郭周辺拡大マップ
五稜郭公園
松見通
BISTRO HAKU
trattoria QUATTRO
RISTRORANTE La.Stella
日吉が丘通
1
海まち中華
かりんとう
レストラン
やまもと
柏が丘通
Café&Restaurant
Bees.Bee
100
函館ゴルフ倶楽部
五稜郭
公園前
函館ラ・サール
学園
函館大学
杉並町
柏木町
83
Kumakichi食堂
中央
病院前
四季料理
みしな
深堀町
産業道路
市民の森
Restaurante
VASCU
競馬場前
郷土風味
魚来亭
千代台
キッチン nosukeya
駒場車庫前
湯の川
函館アリーナ前
ビストロ
POOR NO LEISURE
函館競馬場
湯の川温泉
イオン
函館
競輪場
漁火通
根崎公園
ラグビー場
278
函館空港
啄木小公園
津軽海峡

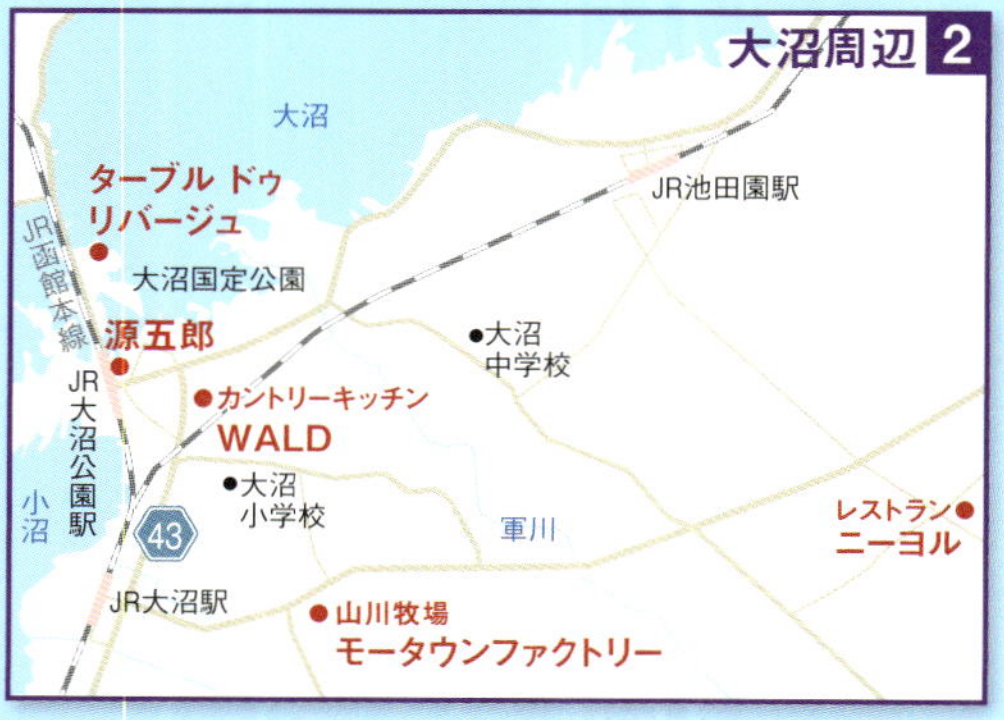
大沼周辺 2
大沼
ターブル ドゥ
リバージュ
JR池田園駅
JR函館本線
大沼国定公園
源五郎
大沼
中学校
JR
大沼公園駅
カントリーキッチン
WALD
小沼
大沼
小学校
43
軍川
レストラン
ニーヨル
JR大沼駅
山川牧場
モータウンファクトリー

松陰町周辺 1
松見通
藤田
歯科医院
ツルハドラッグ
柏が丘通
ローソン
RESTAURAMTE
mar y montana
柏木町会館通
ラッキーピエロ
松陰店
松陰保育園
L'oiseau
par Matsunaga
柏木プラザ通
松見通
柏松通
江差
信用金庫
谷藤
整骨院
柏木町
会館
レストラン 柊
NTT東日本

至七飯町（5）・大沼（2）方面
至JR新函館北斗駅（4）方面
至七飯町（5）・大沼（2）方面
函館トヨペット
コープさっぽろ
函館蔦屋書店
レストラン
FŪSŪ
ツルハドラッグ
トイザらス
イタリアンレストラン
NOSH
ケーズデンキ
楽膳 美和邸
昭和タウンプラザ
産業道路
スーパーオートバックス
レクサス
東久根別駅
大野新道
道南いさりび鉄道線
至久根別町（3）方面
七重浜駅
石田文具
北海道大学水産学部
函館病院
ヤマダ電機
JR五稜郭駅
五稜郭駅前通
Bistro
Pas á Pas
RESTAURANT
La tachi
JR函館本線
BISTRO
やまくろ
函館 寿々半
北洋銀行
鮨処 あうん亭 光
オーシャンスタジアム
千代台
中央病院前
万代埠頭
中央埠頭
亀田川
函館市電
堀川町
昭和橋
千歳町
restaurant
Toui
函館どつく
JR函館駅
新川町
函館駅前
松風町
函館どつく前
BENTEN
CAFE&DINING
函館湾
函館漁港
緑の島
レストラン
ヨシヤ
大町
市役所前
シネマ太陽
漁火通
函館市役所
外国人墓地
cafe & dining
LITT
末広町
十字街
魚市場通（函館信用金庫本店前）
6p 西部地区拡大マップ
函館山ロープウェイ
宝来町
スーパー魚長生鮮夢市場
青柳町
谷地頭
函館山
立待岬
大鼻岬
3 久根別駅周辺
久根別駅
道南いさりび鉄道線
コープさっぽろ
キッチン やまぐち
出光GS
スナダオート
ラルズマート
ほっともっと
久根別小学校
4 JR新函館北斗駅周辺
JR函館本線
JR新函館北斗駅
和光運送
畑のレストラン
Huis～ゆい～
セイコーマート
市渡小学校
ホテル・ラ・ジェント・プラザ函館北斗
大野新道
5 七飯町周辺
JR函館本線
セブンイレブン
セイコーマート
大中山中学校
ななつぶ
restaurant
Blanc Vert
Salon de Blanc Vert
JR大中山駅
大中山小学校
至函館新道
板そば 池田や
ホクレンGS
序葉久
出光GS
至函館

函館
おとなの美食BOOK
至福のランチ&ディナー
西部地区
拡大マップ
海のダイニング
shirokuma
末広町
北島三郎
記念館
スター
バックス
函館西波止場
函館
ヒストリー
プラザ
金森洋物館
函館市文学館
457
279
函館博物館
郷土資料館
函館市電
Brasserie
Carillon
八幡坂通
二十間坂通
She told me
大三坂
函館教会
コープさっぽろ
山手通
北海道銀行
北洋
銀行
十字街
函館市電
函館西部
脳神経
クリニック
蕎麦彩彩 久留葉
元町白百合
幼稚園
大三坂
二十間坂通
五島軒 本店
アクロス十字街
銀座通
675
東本願寺
函館別院
江口眼科
病院
the very very
BEAST
レストキャビン Captain
カフェ&ダイニングバー
すず音ドリーム
印度カレー 小いけ 本店
ホテルWBF
グランデ函館
ローソン
高田屋通
BISTRO
Bons amis
一色医院
函館市電
宝来町
日暮し通
函館山ロープウェイ
山麓駅
ライオンズ
マンション
元町
675
高田屋通
阿さ利 本店
ホテル
函館山
サッポロ
ドラッグストア
山手通
函館市
公民館
亀井勝一郎
文学碑
函館
護国神社
日暮し通
天祐寺
函館市電
大森浜通
春日通
潮見中学校
青柳小学校
函館公園

函館
おとなの美食BOOK
至福のランチ&ディナー
五稜郭周辺
拡大マップ
うなぎ処 髙はし
TAKA五稜郭
辻歯科医院
市立函館
保健所
古河内科
函館市
中央図書館
ヤクルト
五稜郭センター
新興通
五稜郭公園
六花亭
五稜郭店
五稜郭緑地
北海道警察
函館方面本部
最上寺
五稜郭タワー
四季海鮮 旬花
恩村内科医院
ときわ通
ときわ通
モービル
石油GS
セブン
イレブン
函館三育
保育園
571
妙覚寺
北海道新聞
函館支社
函館リッチホテル
五稜郭
函館美術館
北洋資料館
梁川公園
自家製麺蕎麦工房
M's style
セイコー
マート
千代田小学校
ルートイン
グランティア
函館五稜郭
函館五稜郭病院
571
セブン
イレブン

この本の使い方

A 店名、ジャンル（洋食・和食・和洋食・中華）　**B** おすすめ料理

C おすすめ料理の提供　Lunch menu ランチ　Lunch & Dinner menu ランチとディナー　Dinner menu ディナー

D 料金の目安　**E** おすすめのシーン　**F** ミニマップ

G DATA（住所、営業時間、定休日、クレジットカード、席数、喫煙、予約、駐車場、交通、ホームページ）

※本書に掲載した情報は、2018年6月現在のものです。営業時間、定休日、料金などは予告なく変更になる場合があります。

※本書に記載されているメニュー、その他の料金には消費税8%が含まれます。ただし、店舗によって税別表示、あるいは税込と税別が混在している場合がありますので、ご注意ください。

※本書に掲載した写真はイメージです。また、メニューや商品はあくまでも一例です。季節や天候、仕入れ状況などによって、メニュー内容や食材が変更、または品切れとなる場合がありますので、詳細は各店舗にご確認ください。

函館

おとなの美食BOOK
至福のランチ＆ディナー

海、山の幸に恵まれた函館には、魅力的なお店がいっぱい。
ハレの日はもちろん、家族のお祝いやちょっとした記念日、
気が置けない友人とのランチまで、
函館らしさを味わう〝おとなの美食〟を楽しみませんか。

Lunch menu

函館港が一望のテラス席は予約がベスト。ランチはボリュームたっぷりの「shirokumaプレート」で

海のダイニング shirokuma

うみのダイニング シロクマ

末広町　洋食

函館港が一望のテラス席でゆったりと過ごす昼下がり

気が置けない友だちと一緒に、港が一望のレストランでゆったりと食事を味わえるのは、海に囲まれた函館ならではの贅沢。天気の良い日は開放的なテラス席で、ボリュームたっぷりのメニューを召し上がれ。

ランチは前菜、肉と魚のメイン、パン、スープ付きの「shirokumaプレート」がおすすめ。「パスタランチ」（980円）や「包み焼きハンバーグシチュー」など、すべてのランチメニューにはサラダ、ドリンク、プチデザートが付いてさらに大満足。また、ライトアップされたベイエリアを見ながらのディナータイムも格別で、海の幸たっぷりのサラダとともにワインやオリジナルカクテルを楽しみたい。

1 ディナータイムのワインのお供に、函館産の魚介を贅沢に使った「海の幸のサラダ」(1,350円)

2 迎えてくれるのは、つぶらな瞳の「しろくまくん」

3 shirokuma名物「包み焼きハンバーグシチュー」(ランチ1,360円、ディナー単品1,500円)

4 食後のお楽しみは、彩り華やかなデザートで締めたい「シェフ特製 デザート盛り合わせ」(980円)

5 函館港に面したダイニングレストラン。食事だけでなくカフェとしても気軽に利用できる

料金 shirokumaプレート…1,200円(ランチ)
shirokumaコース…5,000円(ディナー)

友人を誘ってカジュアルランチ

TEL.0138-76-9650

住 函館市末広町24-22
営 11:30〜LO14:00、カフェ14:00〜17:00、ディナー17:30〜22:00(LO21:30)
休 木曜　C 可(VISA、MASTER、JCB、AMEX 他)
席 40席　ランチタイムは全席禁煙
予 〈ランチ〉予約がベスト〈ディナー〉週末&テラス席は要予約　P 8台(無料)
交 市電「末広町」電停より徒歩3分
HP http://www.hakodate-shirokuma.com/

自慢のデミグラスソースがたっぷりかかった「ビーストオムライス」はサラダ、カップスープ付き

Lunch & Dinner menu

the very very BEAST

ザ ベリー ベリー ビースト

宝来町　洋食

デミソースのオムライスとスタミナ満点の本格肉料理

１９８６年にベイエリアの古い蔵を再利用して誕生した店は、２０１１年に現在地へ移転。蔵の２階から銀座通りの１階の店舗に移ったことで、ご近所に住む方やシニア世代のお客様が増えたという。

店を代表するメニューは、たっぷりのデミグラスソースがかかった「ビーストオムライス」。１９１０（明治43）年創業の老舗精肉店で育ったオーナーの鎌田正人さんが、店の目玉となるタンシチューのデミグラスソースをオムライスにかけたことから生まれた。３日間かけてじっくり煮込んだ「牛タンシチュー」や「サーロインステーキ」、「ハンバーグステーキ」など、自慢の肉料理もぜひお試しあれ。

1

2

3

4

1 パプリカライスにベーコンとたっぷりのチーズをトッピング「ライスピザ」850円（税別）もおすすめ

2 壁に貼られたポスター横のサインは、この店を訪れた時にGLAYのTAKUROが残したもの

3 オールディーズが流れるアメリカンダイナーとして、オープン以来、幅広い世代のお客様に愛されている

4 店の歴史が感じられる店内に飾られたアンティークな雑貨やインテリア

料金 ビーストオムライス…900円（税別）
牛タンシチューセット…2,300円（税別）

友人を誘ってカジュアルランチ

TEL.0138-26-7364

住 函館市宝来町23-3

営 12:00〜14:30（LO14:00）、18:00〜22:30（LO22:00）

休 火曜（祝日の場合は営業）　C 不可

席 30席　喫煙 可

予 予約可　P なし

交 市電「宝来町」電停より徒歩3分

HP なし

Lunch menu

週替りで楽しめるカフェランチが好評。写真は「海老とバジリコのピリ辛オムライス」のプレート

cafe & dining LITT

カフェ アンド ダイニング リット

大手町　洋食

人気のカフェを引き継いで自分らしさを発する空間に

古い蔵を再利用したカフェの先駆けで、２０１７年11月に惜しまれながら閉店した「ハルジョオン・ヒメジョオン」。ここで料理を担当していた紺野翔平さんが、同年12月に店舗を引き継いで新たなカフェ&ダイニングをオープン。「ハル・ヒメ」の常連客のランチロスを解消するため急ピッチで改装し、かつての雰囲気を残しつつ、自分らしさを表現できる空間にこだわった。

ランチメニューは2種類で、ご飯ものまたはパスタにお惣菜、サラダ、スープ、ひと口スムージー付きで、生活習慣病、美肌効果といった効能を表示。唯一「ハル・ヒメ」から譲り受けた「チーズカレーオムライス」も健在。

1

2

3

4

1 旧店舗のおしゃれなイメージを残しつつ、できるだけシンプルなレイアウトでゆったりとした店内に
2 「ハル・ヒメ」で料理を担当していた紺野さん。ヘルシーでおいしいカフェメニューを提供したいと話す
3 店名の「LITT」には、人を優しく照らすライトでありたいとの思いが込められている
4 2階フロアはレンタルスペースとして活用する予定

料金 今週の“LITT”lunch…1,080円
茄子とひき肉のチーズカレーオムライス…1,080円

TEL. 0138-76-1403

友人を誘ってカジュアルランチ

住 函館市大手町3-8
営 11:30～22:00（LO21:00）、日曜、祝日11:30～21:00、ランチタイムは15:00まで
休 月曜（祝日の場合は火曜）　C 可（VISA、MASTER、JCB、AMEX 他）
席 30席　喫煙 可（ランチタイムは全席禁煙）
予 予約可　P 8台（無料）
交 市電「魚市場前」電停より徒歩3分
HP https://page.line.me/glr1144e

多くの女性客が注文するという人気のランチは、ドリンク、デザート付きの「ワンプレートランチ」

Lunch menu

ビストロ POOR NO LEISURE

ビストロ プア ノー レジャー

本町　洋食

野菜たっぷりの料理が並ぶ体に優しいヘルシーランチ

２０１４年のオープン以来、函館の中心街で気軽にランチやディナーを楽しめるカジュアルフレンチの店としてすっかり人気が定着した。オーナーシェフはホテルやレストランで修業をした安田武人さん。野菜たっぷりでご飯少なめのヘルシーランチが女性客に喜ばれている。

一番人気の「ワンプレートランチ」は、北海道産小麦の生パスタをはじめ、この日はサクラマス、桜姫鶏のロースト、グラタン、スパニッシュオムレツ、生ハム、玉ねぎとトマトのポタージュなど季節の食材を使った料理が並ぶ。夜は好みのパスタを選べる「パスタコース」２２００円や飲み放題付きのディナーコースがおすすめ。

1

2

3

4

1 ディナータイム限定の「ローストビーフのオムライス」1,400円は、お酒にもぴったりのメニュー

2 明かり窓から柔らかい光が差し込む店は、丸井今井函館店の東側入り口が目の前の建物の2階にある

3 ランチタイムはいつも女性客で賑わうお店。テーブルの配置を変えれば大人数にも対応できる

4 いつも込み合っているこの店の名は、「貧乏暇なし」という意味だとか

料金 ワンプレートランチ…1,400円
ディナーコース…3,500円～

友人を誘ってカジュアルランチ

TEL. 0138-54-8899

住 函館市本町31-10 2F
営 11:30～16:00(LO15:00)、17:30～22:00(LO21:00)、日曜11:30～15:00(LO14:00)
休 月曜、日曜のディナー　C 不可
席 24席　喫煙 可(ランチタイムは全席禁煙)
予 コース料理は要予約　P なし
交 市電「五稜郭公園前」電停より徒歩1分　HP なし

熱々でボリューミーなハンバーグが食欲をそそる「国産牛肉100%粗挽きジューシーハンバーグ」

Lunch menu

函館蔦屋書店 レストラン FŪSŪ

はこだてつたやしょてん レストラン フースー

石川町　洋食

一新したランチメニューは人気料理をワンプレートで

さまざまなイベントや魅力的な品揃えでいつも多くの人々で賑わう函館蔦屋書店2階のレストラン。この夏、定番メニューを〝カフェ飯〟にアレンジしたニューフェイスのランチメニューが登場。

人気の粗挽きハンバーグとライス、サラダ、お惣菜などを一皿にまとめた「国産牛肉100%粗挽きジューシーハンバーグ」や牛さがり肉を大葉と生姜の和風ソースで仕上げたステーキとベストマッチなバターライスの「牛さがりステーキピラフセット」など、魅惑のメニューをワンプレートで提供。オープン以来、変わらぬ人気の「ガパオライス」は、じっくり味わっていただけるようディナータイム限定に。

1 「牛さがりステーキピラフセット」は、牛さがり肉160gを使った食べ応えのあるワンプレート

2 開放的なカウンター前のテーブル席。子ども連れでも安心のキッズルームも完備

3 ランチやディナー、ブレイクタイムやミーティングなど、さまざまなシチュエーションに活用できるカフェレストラン

4 ディナー限定メニューの「ガパオライス」1,300円は、卵を混ぜていただくバジル風味のタイ風丼

料金 国産牛肉100%粗挽きジューシーハンバーグ…1,180円
牛さがりステーキピラフセット…1,600円

TEL.0138-47-2245

友人を誘ってカジュアルランチ

住 函館市石川町85-1 函館蔦屋書店2F
営 11:00～23:00(LO22:00)、ランチ11:00～15:00、土・日曜、祝日～14:30
休 火曜　C 可(VISA、MASTER、JCB、AMEX 他)
席 125席　禁煙 不可
予 予約可　P 650台(無料)
交 函館バス「蔦屋書店前」バス停より徒歩1分
HP http://www.hakodate-t.com/service/fusu.html

Lunch menu

ボリュームたっぷりの「アボカドチーズバーガー」。ランチメニューでは不定期で内容が変わるサラダやサンドウィッチ、パスタも人気

She told me

シー トールド ミー

末広町　洋食

再生した建物にアメリカンカジュアルレストラン誕生

１９２１（大正10）年建造の旧仁寿生命函館支店を再生し、２０１７年12月に誕生した「大三坂ビルヂング」の１階にアメリカンカジュアルレストランがオープン。モノトーンのタイルの床や蛍光灯のカバーを活用した照明、天井まで届く縦長の窓などに建築当時の面影が残されている。

オーナーはこの建物に魅せられた北斗市出身の小野寺拓哉さんと妻の知子さん。オールドニューヨークをイメージした店では、ハンバーガーやサンドイッチのカジュアルなランチをはじめ、クラフトビールやクラフトジンとともに、多国籍な調理法を取り入れたモダンアメリカンと呼ばれる驚くほど繊細な料理が味わえる。

1

2

3

4

1 ビールとの相性が良いアルゼンチン発祥のチミチュリソースでいただく「ローストチキン」
2 食後のお楽しみは手作りスイーツで。「ラムレーズンのチョコレートテリーヌ」650円
3 白壁に「She told me」の文字が目を引くモノトーンを基調にしたおしゃれな店内
4 カウンターの奥の棚は、建築当時からこの建物で使われていた金庫や引き出しをそのまま利用している

料金 アボカドチーズバーガー…1,280円
ローストチキン…980円(16:00〜)

TEL.0138-85-8456

友人を誘ってカジュアルランチ

住 函館市末広町18-25 大三坂ビルヂング1F
営 火〜土曜11:30〜23:00(LO22:00)、日曜11:30〜17:00(LO16:00)
休 月曜(祝日の場合は火曜)　C 可(VISA、MASTER、JCB、AMEX 他)
席 20席　全席禁煙(店内奥に喫煙所あり)
予 予約可　P 8台(無料)
交 市電「十字街」電停より徒歩5分
HP 〈instagram〉@shetoldme_hakodate

板そば（温・冷）、鳥飯、季節のてんぷら、小鉢付きの「序葉久セット」は平日限定のお得なセット

板そば 池田や 序葉久

いたそば いけだや じょはきゅう

七飯町　和食

明治42年建造の古民家で山形発祥の板そばをすする

函館の元町の「蕎麦彩彩 久留葉」のオーナー加藤英俊さんが、不思議な縁に導かれて出会った七飯町の古民家を再利用し、2013年にそば処としてオープンさせた。店では、各地のそばを食べ歩いた加藤さんが、以前から興味を持っていた山形県発祥の「板そば」を提供している。

細長い木箱のお盆に盛り付けられた「板そば」は、本場山形で主流の太麺よりも食べやすいよう中太麺を使っている。真昆布と本枯節、枯鯖節、枯宗田節からとっただしが挽きたて、打ちたて、茹でたてのそばの旨さを引き立てる。かつて地元の名士が住んだという明治時代の古民家でいただくそばの味は、また格別だ。

1 店長おすすめの「鳥天板そば」は国産鶏のムネ肉をさっくりと揚げた天ぷらとボリュームある板そばをいただく
2 美容と健康にうれしいルチンを多く含む「韃靼（だったん）蕎麦茶のミルクプリン」290円
3 現在では手に入れることが不可能な貴重な建材で建てられたという古民家を再利用したお店は一見の価値あり
4 座敷席が苦手な方は大きなテーブルのある席で。混み合う時間帯は相席をお願いしている

料金 序葉久セット…980円（平日限定）
鳥天板そば…1,070円

TEL.0138-64-2211

友人を誘ってカジュアルランチ

住 七飯町大川1丁目10-4
営 11:30〜15:00（LO14:30）、
水〜日曜、祝日は夜も営業17:00〜20:00（LO19:30）
休 不定　C 不可
席 50席　🚭 不可
予 予約不可　P 25台（無料）
交 JR「大中山」駅より徒歩5分　HP なし

この日のメインはチンジャオロースとエビのマヨネーズの「プレミアムワンプレート中華ランチ」

Lunch menu

カフェ&ダイニングバー すず音ドリーム

カフェアンドダイニングバー すずねドリーム

宝来町　中華

ヘルシー中華にこだわった店主の思いを込めた一皿を

２０１６年に青柳町から移転し、よりカジュアルに中華を楽しめるカフェ&ダイニングバーにリニューアル。化学調味料を使わず油や塩分を抑えたヘルシーな中華にこだわる店主、佐藤信一朗さんの熱い思いが伝わる料理が味わえる。

月曜から木曜限定で提供している週替りの「プレミアムワンプレート中華ランチ」は、肉系と魚系のメイン料理に季節の野菜、点心と一口サイズのおかず、彩ご飯、デザートと目でも舌でも楽しめる豪華で食べ応えのあるランチ。夜は中華のフルコースから、本場の紹興酒をはじめワインや日本酒など、種類豊富なお酒とともに堪能したい中華のアラカルトが揃っている。

1 「こだわりの麻婆豆腐」は四川豆板醤を使った「赤」とピーシェン豆板醤を使った「黒」の2種類を用意

2 鹿部近海で採れるミネラルたっぷりの海草（ダルス）と天然塩でつくった「ダルスの塩・杏仁豆腐」350円

3 店の奥には佐藤さん愛用の貴重なバイクを展示

4 カウンターの後ろの壁にずらりと並ぶのは、佐藤さんが趣味で集めた年代物のコールマンのランプ

5 体にやさしい中華にこだわる店主の佐藤さん

料金 プレミアムワンプレート中華ランチ…850円（月～木曜）
こだわりの麻婆豆腐（赤・黒）…各900円

友人を誘ってカジュアルランチ

TEL.0138-78-1015

住 函館市宝来町22-9
営 11:30～15:00（LO14:00）、18:00～22:00、
金・土曜18:00～翌3:00（LO2:00）
休 日曜、月1回不定休　C 可（VISA、MASTER、JCB、AMEX、Diner 他）
席 17席　全席禁煙　予 予約可
P 昼のみ2台（無料）　交 市電「十字街」電停より徒歩3分
HP http://foodmagic-suzune169kowa.on.omisenomikata.jp/

「海鮮せいろ膳」は、カニ、エビ、ホタテなど海の幸を贅沢に使った名物せいろ飯の豪華なランチ

Lunch menu

函館 寿々半

はこだて すずはん

本町 和食

出来上がりを待ちながら会話が弾む名物のせいろ飯

地元の海産物を使った海鮮料理をはじめ、厳選したお肉が自慢のすき焼きやしゃぶしゃぶなどを提供し、幅広い世代から長年愛されている創業50年余りの老舗和食店。女性客にもっとも人気のせいろ飯は、定番のうなぎ、五目、牛、かにの「せいろ御膳」１４５０円～(税別)やミニせいろ膳とそばのセットがおすすめ。さらに贅沢を極めるなら新鮮な海の幸を豪快にのせた「海鮮せいろ膳」を堪能したい。

和風モダンな店内には、１階のテーブル席や２階の個室、掘りごたつの和室もあって人数や目的に合わせた使い方ができる。季節のお惣菜やご飯を二段重に詰めた月替り弁当の無料配達も行っている。

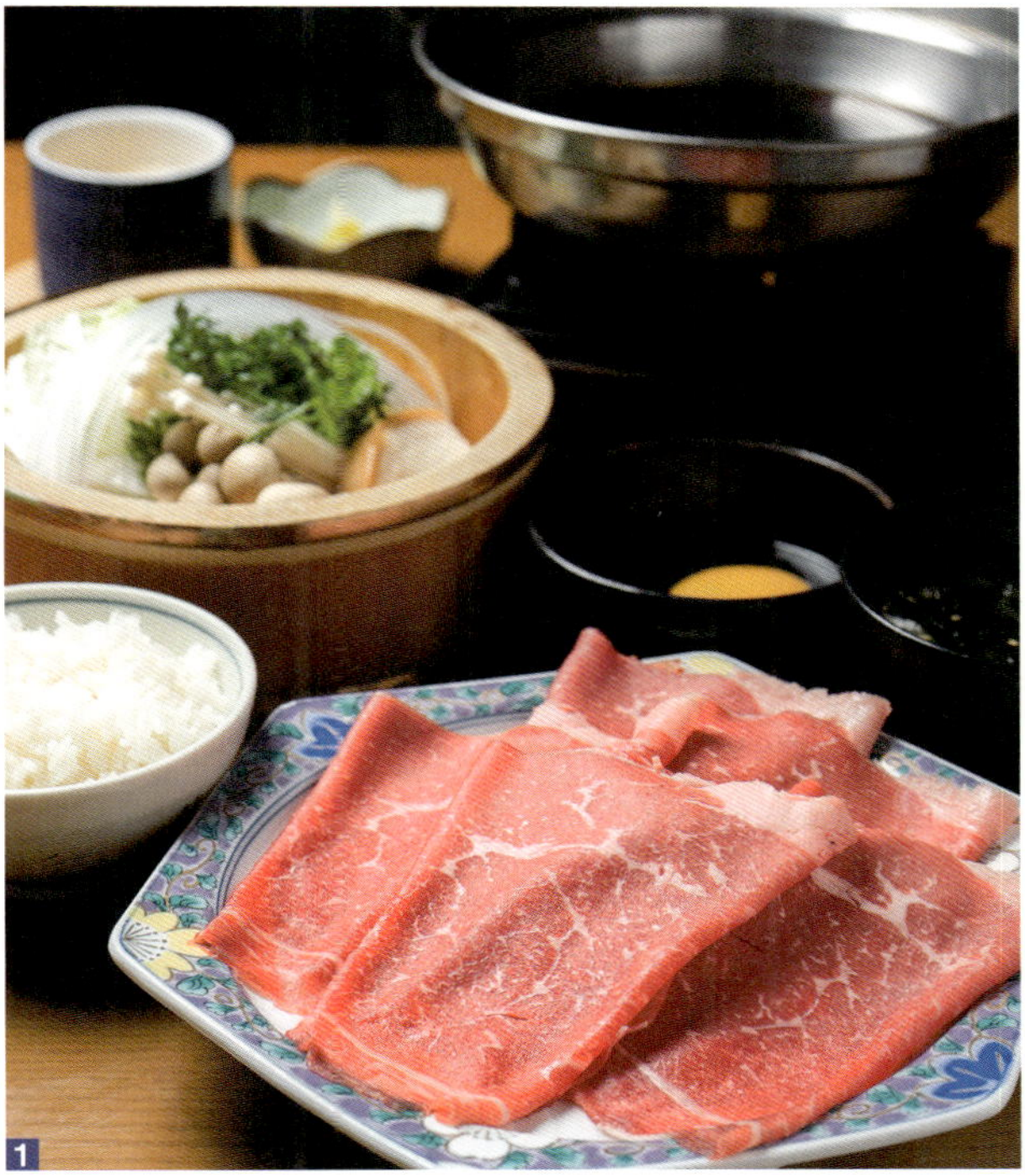

1 厳選した道産牛のすき焼きは、男性でも大満足のボリューム

2 おひとり様も気軽にランチが楽しめる1階のテーブル席

3 2階には個室の小上がりと家族連れやグループでものんびりくつろげる和室をご用意

4 繁華街の中心にありながら、ゆったりとした時間が流れる和風モダンな設え

料金 海鮮せいろ膳…1,950円（税別）
道産牛すきやきランチセット…2,400円（税別）

TEL. 0138-31-5588

和やかに楽しむファミリーランチ

住 函館市本町1-25
営 11:00～15:00（LO14:30）、17:00～22:00（LO21:00）
休 月曜　C 可（VISA、MASTER、JCB、AMEX 他）
席 46席　🚭 不可
予 ランチ予約可、ディナーは完全予約制（10名以上から）　P 6台（無料）
交 市電「五稜郭公園前」電停より徒歩3分
HP https://www.hakodate-suzuhan.com/

“ステピ”の愛称で親しまれる「牛ステーキピラフ」をはじめ、魅力的なメニューがいっぱい

Lunch & Dinner menu

Jolly Jellyfish

ジョリー ジェリーフィッシュ

東山 洋食

函館っ子のソウルフードを家族や仲間とともに味わう

１９８２年創業のアメリカンダイナーが、２０１７年11月に誕生した複合ショップ「サウスシダードライブイン」内に移転。開放的な店内には、くつろげるボックスシートやベンチシート、大小の個室が備えられ、家族連れやグループが集まって食事が楽しめる広い駐車スペースも魅力。

　北斗市育ちの米「ふっくりんこ」とトラピストバターを使った自家製ピラフにステーキをのせた「牛ステーキピラフ」は今や函館っ子のソウルフード。ランチタイムはライス、ドリンク付きのセットを用意し、好きなソースやトッピングを加えるなど楽しみ方もいろいろ。気軽に利用できるテイクアウトメニューもうれしい。

1

2

3

4

5

1「牛肉100%ハンバーグ」150g790円（写真）、300g1,390円、1ポンド2,490円（各税別）。ランチタイムはセットでお得

2 季節のパフェやドリンク、デザートなど月替りで楽しめるマンスリーメニューも要チェック

3 ボックス席と背中合わせのベンチシートなら、大人数での食事にも対応。幼児用の椅子も用意している

4 ゆったりと配置された窓際のテーブル席もおすすめ

5 グループやファミリー向けの個室もある

料金 牛ステーキピラフ…1,185円（税別）
北海道産野菜 コブサラダ…レギュラー1,290円（税別）

TEL.0138-86-9908

和やかに楽しむファミリーランチ

住 函館市東山2丁目6-1 South Cedar DRIVE INN 1F
営 11:00～23:00（LO FOOD22:00、Drink22:30）、
日曜・祝日ディナー11:00～22:00（LO FOOD21:00、Drink21:30）
休 水曜　C（VISA、MASTER、JCB、AMEX 他）　席 70席　分煙
予 ディナーのみ予約可　P 50台（無料）
交 函館バス「東山団地」バス停より徒歩1分
HP http://first-flash.jp/service/jolly.php

道産の若鶏の半身を弱火でじっくり焼き上げた「チキンソテー」998円は、昼、夜ともに人気の一品

Lunch & Dinner menu

レストキャビン Captain

レストキャビン キャプテン

末広町 洋食

寡黙な父の背中から学んだ変わらぬ味を提供し続ける

先代のシェフが銀座通り近くにこの店を開いたのは１９６９（昭和44）年のこと。港町らしく帆船をイメージした外観が印象的で、円形の飾り窓のあるドアは改築や増築を重ねた今も健在だ。２００１年、父が病に倒れたのをきっかけに、息子の永井充さんはサラリーマンを辞めて料理の修業を始め、昔気質の父の背中を見ながら、少しずつこの店の味を覚えていった。

１週間かけて仕上げるデミグラスソースたっぷりのハンバーグや皮目をこんがりと焼き上げたチキンソテーは、先代から続く看板メニュー。充さんにとって「昔と変わらない味だね」と言ってもらえることが、今は何よりの喜びになった。

1 主食とおかず、各5種類から選べる「毎日選べるランチ」。写真はエビ入りバターライスとミニハンバーグ

2 創業時から飾られている船舶用の救命浮き輪

3 1995（平成7）年には増築して、日が差し込むファミリー向けの小上がりを設けた

4 船のデッキをイメージして作られた木製の壁や船舶窓、舵輪など店内の装飾品に創業当時の面影が残る

料金 毎日選べるランチ…798円
チーズハンバーグ…972円

和やかに楽しむファミリーランチ

TEL. 0138-22-8657

住 函館市末広町7-18
営 11:30～14:30（LO13:45）、16:00～21:00（LO20:15）、
※月曜（月曜が祝日の場合は火曜）11:30～14:00（LO13:30）
休 不定　C 不可　席 26席　🚬 可
予 予約可　P 3台（無料）
交 市電「十字街」電停より徒歩3分
HP なし

洋食の定番をセットでいただく「ハンバーグとエビフライ」はライスまたはパン、ドリンク付き

Lunch & Dinner menu

キッチン Duke

キッチン デューク

本通　洋食

親と子の仕事ぶりが伝わる手間ひまかけた数々の洋食

広い駐車場を埋める車の数に人気の高さがうかがえる洋食店。オーナーの中谷幸男さんがジャズスナックから始めた店は、11年前の住宅街への移転を機に、父の姿に憧れて料理を学んだ息子の圭太さんが加わり、親子二人三脚でおいしい洋食をつくり続けている。

営業時間中はいつでも食事ができるため、訪れるお客様が途切れることはない。おひとり様から家族連れまで、誰もが満足できる豊富なメニューも自慢。店はエレベーターを備えたバリアフリーで、挽きたてのコーヒーとケーキでおしゃべりを楽しむご近所の方や家族揃っての食事など、幅広い世代のお客様に憩いのひとときを提供している。

1 お得な「Dセット」は、スパゲティ、ハンバーグ、ライスコロッケ、サラダのワンプレート

2 ケーキやパフェなどカフェメニューも充実。ボリュームたっぷりの「ブルーベリーパフェ」650円

3 店舗のある2階へはエレベーターも利用可能。車椅子の方も安心のバリアフリーのお店

4 店内のピアノや壁のジャズプレイヤーの写真は、ジャズのスナックから始めたという店の歴史を物語っている

料金 ハンバーグとエビフライ…1,400円
Dセット…900円

TEL. 0138-32-7311

和やかに楽しむファミリーランチ

住 函館市本通2丁目40-14
営 11:00～22:00（LO21:00）
休 木曜　C 不可
席 50席　分煙
予 予約可　P 24台（無料）
交 函館バス「本通農協前」より徒歩1分
HP なし

Lunch menu

マルゲリータのピッツァにサラダ、ドリンクがセットのランチ。食後のミニドルチェは＋100円

trattoria QUATTRO

トラットリア クアトロ

本通 洋食

くつろぎの空間でいただく 熱々ピッツァや本格パスタ

2018年1月、万代町のおしゃれなカフェバーからゆっくり食事が楽しめるトラットリアにバージョンアップして本通に移転。「以前に比べてぐんと広くなり、駐車スペースも増えたので、常連のお客様にも好評です」とオーナーシェフの川村雅樹さん。

本日のパスタ2種、ピッツァ2種の中から選ぶランチとローストビーフやポークカツレツなどの週替りランチ（数量限定）は、オール1000円とリーズナブル。＋100円で追加できるミニドルチェも人気。ディナーは創作イタリアンや生ハムなど豊富なアラカルトメニューが楽しめる。家族揃って賑やかに過ごすなら、吹き抜けのある個室がおすすめ。

1

2

3

4

1 ランチは2種類の本日のパスタから選べる。この日は魚介を使ったトマトソースのペスカトーレで

2 明かり窓のある吹き抜けの天井が特徴の個室。幼い子ども連れの家族でもゆったりと食事が楽しめる

3 白を基調にした広々とした店内に、ゆったりとテーブルが配置されている

4 夜はアヒージョやカルパッチョ、スペインやイタリアの生ハムなどお酒に合うアラカルトをチョイス

料金 ランチ…1,000円
※ディナーはアラカルトのみ

和やかに楽しむファミリーランチ

TEL. 0138-84-8009

住 函館市本通2丁目3-21

営 11:30～LO14:00（食材が無くなり次第クローズ）、18:00～LO21:30（日曜18:00～LO20:30） 休 月曜、第2・4日曜

C 可（VISA、MASTER、JCB、AMEX 他） 席 26席

ランチは全席禁煙、ディナーは一部可 予 予約可

P 8台（無料） 交 函館バス「工業高校裏」バス停より徒歩1分

HP http://trattoria-quattro.info/

ライスコロッケやペンネ、生ハム、パスタなど料理を取り分けていただく「季節の特別メニュー」

Lunch & Dinner menu

Brasserie Carillon

ブラッスリー カリヨン

末広町 洋食

ベイエリアを散策した後に季節を味わう特別メニュー

二十間坂下のマンション1階にあるイタリアン&フレンチのカジュアルなレストラン。オープンから17年目を迎え、おひとり様のランチから、賑やかに家族や友だちと楽しむディナーなど、普段使いのレストランとして親しまれている。オーナーシェフは道内出身の安藤徳幸さん。「観光客が多い場所にありますが、昼下がりにゆっくりとお酒を楽しむ地元のお客様も少なくありません」と話す。

旬の食材を使ったアミューズやメインディッシュを取り分けていただく「季節の特別メニュー」（2名様〜、要予約）は、ランチでもディナーでも利用でき、あれこれといろいろな料理を味わいたい方に喜ばれている。

1

2

3

4

1 食後のお楽しみはフルーツたっぷりの手作りデザートで

2 「Carillon」とは、教会の鐘の音を意味するフランス語。窓の外を行き交う観光客を横目に食事やお酒が楽しめる

3 シックなインテリアの広々とした店内でランチタイムを過ごしたい。家族揃ってのディナーにも最適なレストラン

4 アラカルトも豊富でコース料理の中から単品での注文も可能。熱々をいただく「オニオングラタンスープ」750円

料金 季節の特別メニュー…1名2,500円
（2名様～、前日までの要予約）

TEL. 0138-23-7737

和やかに楽しむファミリーランチ

住 函館市末広町15-1 ルネッサンス末広1F
営 11:30～20:30（LO21:30）、ランチタイム11:30～14:00
休 水曜（予約の場合は営業）　C 不可
席 24席　🚬 可（禁煙席あり）
予 予約不要、季節の特別メニューは要予約　P 2台（無料）
交 市電「十字街」電停より徒歩2分
HP https://brasserie-carillon.jimdo.com/top/

ナイフを入れると肉汁があふれ出す「大沼牛とSPF豚ハンバーグ」のランチセット

Lunch menu

キッチン nosukeya

キッチン ノスケヤ

湯川町　洋食

安心安全にこだわった夫婦が営む洋食レストラン

函館市湯川支所の並びに建てた自宅の一部を店舗に改装して２０１５年に移転オープン。店舗は２つ並んだドアの左側。靴を脱いで上がると、ソファが置かれたリビングとテーブル席のあるダイニング・キッチンが。人工芝を敷いたテラスもあるので、友人の家を訪ねる気分で食事が楽しめる。

人気のランチセットは、ヘルシーな「伊達産めぐみ鶏のソテー」、肉汁あふれる「大沼牛とＳＰＦ豚のハンバーグ」、さらに前菜盛り合わせ付きの「パスタセット」をご用意。ランチコース（２０００円）やディナーコース（２５００円）は４名以上の予約でピザ１枚の特典付き。

1

2

3

4

1 「パスタセット」の前菜とたっぷりのアサリが入ったパスタ。オーガニックビール（瓶700円）もおすすめ

2 オーガニックな食材にこだわるオーナーの小椋さん夫婦。自分たちが気に入ったオーガニック商品も販売してる

3 自宅のダイニング・キッチンを活用して、家庭的な雰囲気をそのまま生かしたお店

4 本日のデザートは口の中でふわりと溶ける「ブルーベリーのフローズンムース」

料金 ランチセットB「大沼牛とSPF豚ハンバーグ」…1,350円
ランチセットC「パスタセット」…1,250円
ディナーコース…2,500円～

TEL.0138-87-2211

和やかに楽しむファミリーランチ

住 函館市湯川町2丁目40-10
営 12:00～15:00、18:00～21:00（要予約）
休 不定休　C 不可
席 12席　🚭 分煙
予 要予約、コースは2日前までの予約　P 5台（無料）
交 市電「函館アリーナ前」電停より徒歩5分
HP なし

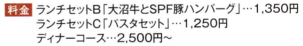

人気の「おまかせランチ」は、ポタージュ、サラダ、魚または肉料理、パンまたはライス付き

Lunch menu

レストラン 柊

レストラン ひいらぎ

柏木町　洋食

家族揃ってランチを楽しむ バリアフリーのレストラン

オーナーシェフの木元靖幸さんは、大沼のリゾートホテルで腕を振るった料理人で、当時はそれほど普及していなかったオールバリアフリーのレストランを２００１年にオープンさせた。店名はクリスマスや節分に用いられる植物で、西洋でも日本でも「邪気を払い悪いものを寄せ付けない」とされている。さらに柊の花言葉は「先見の明」。車椅子で訪れるお客様や介護施設のレクリエーションを目的に食事を楽しまれる高齢者と介護スタッフにも喜ばれている。

カレーやグラタン、パスタなど気軽に味わうメニューをはじめ、人気の「おまかせランチ」からディナーセットまで、本格フレンチが楽しめる。

1 「ズワイ蟹と海老のマカロニグラタン」980円。サラダ、パン付きは1,300円
2 じっくり煮込んだお肉たっぷりの「和牛すね肉のビーフシチュー」のセット。単品は1,980円
3 ランチ、ディナーともに食後の仕上げは「デザートの盛り合わせ」400円で
4 テーブルの高さを含め車椅子に対応した店内

料金 おまかせランチ…1,300円
和牛すね肉のシチューセット…2,160円

TEL. 0138-55-3502

和やかに楽しむファミリーランチ

住 函館市柏木町6-11
営 11:30〜14:00(LO13:15)、17:30〜20:00(LO19:15)
休 日・月曜、祝日　C 不可
席 20席　全席禁煙
予 予約がベスト　P 6台(無料)
交 市電「柏木町」電停より徒歩2分
HP なし

かつて恵比須町近くに店があったことからつくられた「恵比須カレー」にはたっぷりのエビが入っている

Lunch & Dinner menu

印度カレー 小いけ 本店

インドカレー こいけ ほんてん

宝来町 洋食

三代目が伝統の味を守る 創業70周年の老舗カレー店

戦後間もない１９４８（昭和23）年に、現在地のほど近くで洋食店を始めた小池義二郎さんが、庶民が喜ぶ安くておいしいカレーを提供しようと考えて、小麦粉を炒める「空こがし」をベースに豚骨スープを加えたオリジナルのカレーをつくりあげた。現店主で三代目の小池亘さんは、祖父が残した「小いけのカレー」の味を守りたいとの思いから、日夜努力を重ねている。

独特な辛さが特徴の「小いけのカレー」は、ポーク、ビーフ、シーフードをはじめ、ホタテ入り、ハンバーグ、トンテキと種類が豊富。辛さが苦手な方には甘口の「キーマカレー」８５０円や「お子様カレー」５４０円も。

1

2

3

4

1 裏メニューとして不動の人気を誇る「かつ丼」980円は、孫の亘さんにとって忘れられない祖母の味を再現

2 1985（昭和60）年に現在地へ移転。古き良き時代の風情が残るレストラン

3 常連客のほとんどが座るカウンター席。カツ丼だけ、カツカレーだけのコアなファンも多い

4 セイロで蒸した熱々ご飯と厚くて柔らかいカツにたっぷりのカレーをかける「ロースカツカレー」

料金 恵比須カレー…1,500円
ロースカツカレー…1,080円

和やかに楽しむファミリーランチ

TEL. 0138-22-5100

住 函館市宝来町22-5
営 11:00～15:00（LO14:30）、17:30～21:00（LO20:30）
休 水曜、第1木曜　C 不可
席 40席　🚭 不可
予 予約可　P 5台（無料）
交 市電「宝来町」電停より徒歩2分
HP http://www.koike-curry.com

「美和コース」は前菜盛り合わせ、エビとワタリガニの生パスタなどじっくりと食事を楽しみたい方に

Lunch & Dinner menu

楽膳 美和邸

らくぜん みわてい

美原　洋食

一軒家をそのまま活用した完全予約制のレストラン

２０１７年にひっそりとオープンした完全予約制の一軒家レストラン。看板がなければ見逃しそうな住宅街の奥にあり、かつて和裁教室を開いていたという和室に設けた席では、静かに日本庭園を見ながら食事が楽しめる。

　おすすめはエビとワタリガニのパスタをはじめ、サラダ、ピザ、ドリア、デザート、ドリンク付きの「お得なセットメニュー」で、人数に合わせてボリュームアップもできる。ベテランシェフが腕を振るう「美和コース」にも期待が高まる。モチモチの食感が味わえる自慢のパスタや旬の食材を使った前菜の盛り合わせなど満足度が高い。酒類の持ち込み可能な宴会も受け付けている。

1 サラダ、ピザ、ドリア、パスタ、デザートなどを2〜3人でシェアしていただく「お得なセットメニュー」

2 かつての主人が残した書が掛かる床の間

3 この日のデザートはアップルソルベとチョコレートブラウニー、フルーツ添え

4 自家製生地のカリッとした食感が人気のピザ

5 床の間のある和室にテーブルを設置。ファミリー向けの個室もある

料金 美和コース…3,500円
お得なセットメニュー…3,900円

和やかに楽しむファミリーランチ

TEL.0138-76-0034

住 函館市美原3丁目28-38
営 11:00〜15:00(LO14:00)、17:30〜22:00(LO21:00)
休 隔週の日曜、不定休　C 不可
席 16席　喫煙 可
予 ランチ、ディナーともに要予約　P 5台(無料)
交 函館バス「亀田中学校」バス停より徒歩8分
HP なし

ランチコースの肉料理は柔らかい鴨肉のロースト。爽やかなオレンジソースでさっぱりといただく

Lunch menu

BISTRO やまくろ

ビストロ やまくろ

梁川町 洋食

北海道産食材のフレンチに良く合うワインや日本酒を

函館市内のホテルで経験を積んだシェフでソムリエの山畔《やまくろ》修さんとシニアソムリエの智恵子さん夫妻が営む家庭的な雰囲気のフレンチレストラン。オープン9年目の２０１７年10月、旧店舗の隣に移転したことにより席数が大幅に増え、さらにゆったりと過ごせるようになった。

青、白、赤にトリコロールとユニークなネーミングのランチコースは4種類。メインの数やオードブルの内容によって料金が異なる。ディナーも同じく4種類のコースを用意し、「厚沢部産じゃがいもと黒豆のコロッケ」５００円（税別）や自家製ソーセージ、ベーコンなど道産食材を使ったアラカルトもおすすめ。

1 自家製のベーコンやハム、豚肉や鹿肉のテリーヌ、鰊のマリネなどが並ぶ贅沢なオードブルは要予約

2 おすすめのワインや日本酒を飲みながら、ソムリエのご夫婦との会話も楽しめるカウンター席

3 移転によって席数は1.5倍に。子ども連れでもゆったりと過ごせる掘りごたつの個室も用意

4 イナダのグリルには、ラディッシュやインゲンなどの自家製野菜を添えて旬を味わう一品に

料金 ランチコース…1,500円~(税別)
ディナーコース…3,500円~(税別)

ちょっとリッチにご褒美ランチ

TEL.0138-56-5609

住 函館市梁川町12-13
営 11:30～14:30(LO13:30)、18:30～23:00(LO22:00)、日曜LO20:00
休 火曜　C 不可
席 36席　昼は全席禁煙、夜は状況に応じて分煙
予 可　P 5台(無料)
交 市電「五稜郭公園前」電停より徒歩10分
HP なし

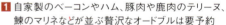

かき揚げ用の天つゆも添えらているので、天ざる、天丼としてもいただける「本日のランチ」

Lunch menu

自家製麺蕎麦工房 M's style

じかせいめんそばこうぼう エムズスタイル

梁川町　和食

そばがメインの創作料理で店主独自のスタイルを確立

縁戚にあたる市内の老舗そば店に20年勤務し、そば打ちはもちろん、調理師として料理を極めた店主の佐藤政邦さんが、２０１７年３月に独自のスタイルで始めたお店。カフェ風の外観とおしゃれな店内に、そば店とは思わず訪れるお客様もいるのだとか。週替りで楽しめるかき揚げ付きの「本日のランチ」はボリュームたっぷりで、食後は自家焙煎のコーヒーを２００円で提供。

ディナータイムのお楽しみは２名様から予約できる「そばづくしコース」。そばをメインにクリームチーズやバターを使ってアレンジした創作料理が味わえる。ふらりと立ち寄って、酒と肴とシメのそばまで味わい尽くしたい。

1 そば寿司とシメそば3種付きの「そばづくしコース（松）」はお一人様4,000円（要予約）

2 スタイリッシュな店内はカフェと見間違うほど。ランチタイムはいつも女性客で賑わっている

3 そばは北竜町産のそば粉をベースに3種類をブレンド

4 エントランスや店内の小粋なディスプレーは佐藤さんの奥様が手がけた

料金 本日のランチ…780円（ランチ）
そばづくしコース…3,000円～（ディナー）
（2名様より、要予約）

TEL. 0138-76-0636

ちょっとリッチにご褒美ランチ

住 函館市梁川町22-23
営 11:30～15:00（LO14:30）、17:30～22:00（LO21:30）
休 日曜、第3月曜　C 不可
席 19席　ランチタイムは全席禁煙
予 予約可、コースは要予約　P 3台（無料）
交 市電「五稜郭公園前」電停より徒歩5分
HP なし

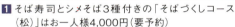

出来立てのパエリアが味わえる「パエリアランチセット」1,280円。サラダ、スープ、コーヒー付き

Lunch menu

RESTAURAMTE mar y montana

レストラン マル モンターニャ

松陰町　洋食

青空のスペインに魅せられ故郷の街で本場の味を再現

２０１８年３月にオープンしたスペイン料理のお店。シェフの塩田和裕さんは、函館の結婚式場の厨房で修業後、スイスを皮切りにヨーロッパを転々としながら料理を学んだ。お気に入りはスペインのバルセロナで、理由は「空が一番、青かったから」。眩しい太陽の下で、かけがえのない時間を過ごしたと語る。

文教地区のマンション１階の店舗は、ヨーロッパ修業へ導いてくれた先輩から引き継いだ。内装はほぼそのままに、スペインの写真と緑の装飾をあしらった。ランチはパエリアのセットなど３種類を用意。ピンチョス（２００円〜）を味わうビュッフェ形式のディナーもお楽しみ。

1

2

3

4

1 ビュッフェ形式のディナーは、好きなお酒とともに、さまざまなピンチョスを楽しむことができる
2 店内には先輩シェフから譲り受けたワインレッドのチェアが並ぶ
3 一番奥の壁には店名の入ったパエリア用の鍋とスペインの写真でディスプレーを施した
4 店の所々にかわいらしいミニチュアの動物たちを発見

料金 ランチメニュー…1,280円～
パエリア…980円～※パエリア、ピンチョスは持ち帰り可能
※ディナーはビュッフェ形式

TEL. 0138-83-5993

住 函館市松陰町31-13 プレジオ函館 松陰町1F
営 12:00～LO13:45、18:00～LO20:30
休 火曜、第2水曜　C 不可
席 16席　不可
予 予約可、コースディナーは要予約　P 4台（無料）
交 函館バス「市立函館高校前」バス停より徒歩1分
HP なし

寿司、天ぷら、サラダなど盛りだくさんの「おもてなし膳」、寿司は＋500円で特上に変更できる

Lunch menu

四季料理 みしな

しきりょうり みしな

本町　和食

父が丹精込めて握る寿司と息子が腕を振るう創作料理

丸井今井横の小路をまっすぐ進み、ヘアーサロンやベーカリーなどが軒を連ねる本町改良住宅1階にある和食料理店。1968（昭和43）年に店主の三品賢治さんが寿司店として開業した。18年前に東京の和食の名店で修業を積んだ息子さんが腕を振るうようになり、以来、寿司と和食の料理店として幅広い世代のお客様に利用されている。

ランチは握りと天ぷらを贅沢に味わう「おもてなし膳」や「すし御膳」1500円（税別）がおすすめ。「みしな膳」、「天婦羅セット」などリーズナブルなランチも8種類ご用意。夜は蔵元から直接仕入れた貴重な地酒とともに旬の食材を使った創作料理を堪能したい。

1

2

3

4

1 「みしな膳」1,000円（税別）は、天ぷら、刺身、ハンバーグ、小鉢など、あれこれ味わいたい方におすすめ

2 珍しい地酒の入荷情報をTwitterで発信中。和食料理人の息子さんがつくる創作料理とともに杯を重ねたい

3 カウンターの向こうに立つ店主の三品賢治さんは、この店で50年、寿司を握り続けてきた

4 カウンターのほかに、小上がりが3つ。店の奥には宴会用の広い個室が用意されている

料金 おもてなし膳…2,000円（税別）（ランチ）
コース料理…3,000円（税別）～（ディナー）

ちょっとリッチにご褒美ランチ

TEL. 0138-52-5062

住 函館市本町31-6
営 11:30～14:00（LO13:30）、17:00～22:00（LO21:00）
休 月曜　C 可（VISA、MASTER、JCB、AMEX、Diner 他）
席 34席　喫 可　予 予約可、コース料理は要予約
P 契約駐車場あり（3,000円以上ご利用の場合は無料）
交 市電「五稜郭公園前」電停より徒歩1分
HP http://shikiryorimishina.favy.jp/

Lunch menu

鶏肉が苦手な方も香ばしく焼いたチキンに感動。ランチコースのメイン「チキンのガーリックソテー」

RESTAURANT La tachi

レストラン ラ ターチ

亀田本町 洋食

シェフとの会話も楽しめるオープンキッチンが大人気

オーナーシェフは東京出身の橋本正さん。自分の店として心に描いたのは、大都市でも田舎でもない、ほどよい規模の地方都市。函館に決めたのはこの条件にぴったりだったから。住みやすさや子育てのしやすさ、そして豊富な地元食材が気に入り、この街に店をオープンさせた。オープンキッチンは調理しながらお客様の顔やお腹の空き具合、食べる早さがわかるため、いつしか常連客はシェフの前を陣取り会話を楽しむようになった。

　昼は「おすすめランチ」、「プチコース」、「シェフの気まぐれコース」、夜はデザートワゴン付きの4コース。いずれも正統派のフレンチを気軽に味わうことができる。

1 ディナーの前菜は鮮やかな野菜の色が美しい白身魚のテリーヌ。自家製ピクルスを添えて

2 ディナーの後の楽しみは、常時10種類ほど揃えたデザートワゴン。「好きなだけどうぞ」に歓声が上がる

3 オープンから早16年。橋本さんは地元の料理人との交流にも積極的に参加している

4 優しい印象を与えるテーブルコーディネートで、ゆったりと食事を楽しみたい

料金 ランチコース…1,080円、1,750円、2,300円
ディナーコース…3,500円、4,200円、4,500円、5,500円

ちょっとリッチにご褒美ランチ

TEL. 0138-43-8118

住 函館市亀田本町3-24
営 11:30～14:00(LO13:30)、18:00～21:00(LO20:00)
休 第1水曜、日曜のランチ、火曜のディナー　C 不可
席 22席　全席禁煙
予 要予約　P 4台(無料)
交 JR「五稜郭駅」より徒歩5分
HP なし

前菜、サラダとロールピッツァ、パスタなどボリュームのあるランチのおすすめコース（1,800円）

Lunch menu

イタリアンレストラン NOSH

イタリアンレストラン ノッシュ

美原　洋食

じっくりと料理に取り組む閑静な住宅街のレストラン

２０１６年に亀田外郭通り沿いにオープンしたイタリアンレストラン。オーナーシェフは、小樽や大阪の有名ホテルのレストランでフレンチやイタリアンを学び、函館市内のホテルで統括料理長を務めた新保憲孝さん。「店を始めるなら街中を少し離れた場所で」との思いから、閑静な住宅街にある店舗兼住宅を選んだ。

ランチコースは、10種類以上のパスタやリゾットの中からお好みをチョイス。前菜やデザートも常時10〜8種類を用意している。ディナーコースは、予算や目的に合わせて選べる３コースですべて予約制。お客様の要望に応えて予約を開始した「ＮＯＳＨ風ランチＢＯＸ」３０００円（税別）も好評。

1

2

3

4

1 「サラダとロールピッツァ」は、具材をクレープ風にピッツァの生地で巻いたオリジナル

2 本日のデザートの中から「マンゴーレアチーズケーキ」を

3 本日のパスタよりチョイスしたのは、「白菜とアサリとエビのブロッコリーソースパスタ」

4 大きな窓から注がれる光が心地良い住宅街のレストラン

料金 ランチコース…1,500円、1,800円、2,700円
ディナーコース…1,800円、3,800円、4,900円(各税別)

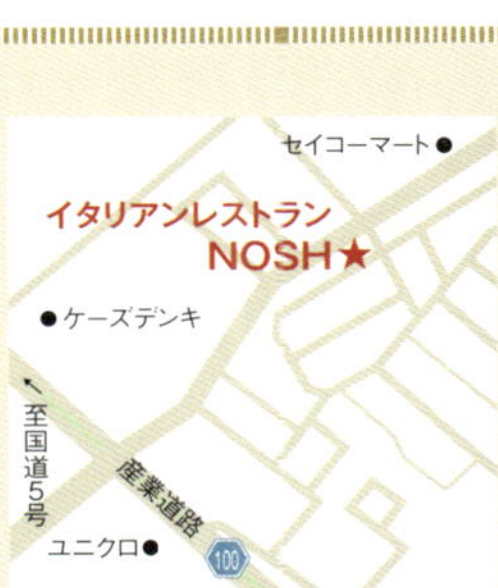

ちょっとリッチにご褒美ランチ

TEL. 0138-85-6073

住 函館市美原3丁目51-1
営 11:30〜14:00、ディナー(予約制)18:00〜21:00
休 火曜　C 可(VISA、MASTER、JCB、AMEX 他)
席 16席　禁煙 不可
予 ランチ予約可、ディナー要予約　P 4台(無料)
交 函館バス「亀田外郭通」バス停より徒歩1分
HP なし

Lunch menu

3種類の中からメインを選べるランチ。この日の肉料理は「鶏モモ肉のポワレ 粒マスタードソース」

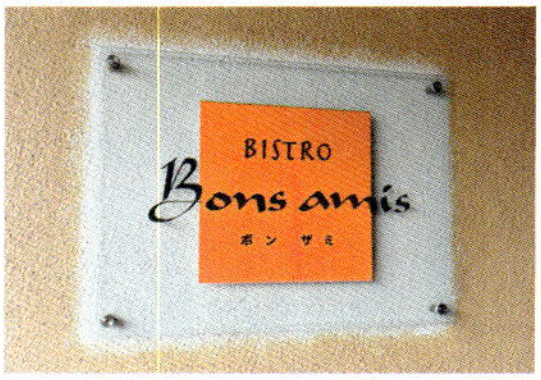

BISTRO Bons amis

ビストロ ボンザミ

宝来町 洋食

シェフ自ら改装した店舗で じっくり味わうコース料理

港町函館の繁栄を築いた江戸時代後期の豪商・高田屋嘉兵衛の像を見上げる通り沿いのフレンチレストラン。東京出身のオーナーシェフは、就職先の精肉店で学んだ知識を生かし、ステーキ専門店やイタリアン、フレンチのお店で修業を積んだ松本高志さん。２００５年、夫人の故郷である函館に、パンからデザートまで、すべてを自分で手がけるこの店を構えた。

メインを魚料理、肉料理、パスタの中から選ぶ「ランチメニュー」がおすすめ。前菜の盛り合わせ、自家製パン、本日のデザートとコーヒーで、充実したランチタイムを楽しめる。夜は各種ディナーコースやアラカルト（７５０円〜）も豊富。

1

2

3

4

1 とっておきの日のランチは、ゆっくり時間をかけていただきたい。盛りだくさんの前菜に思わず笑みがこぼれる

2 和風の店舗をシェフ自らの手で改装。石畳が敷かれたエントランスも趣がある

3 店名は良い友だちを意味するフランス語。仲間や家族とともに、気取らずにゆったりと過ごせるレストラン

4 季節のフルーツや食材を使って華やかに仕上げた食後のデザートに、心も体も大満足のランチ

料金 ランチメニュー…2,160円
ディナーコース…3,780円～

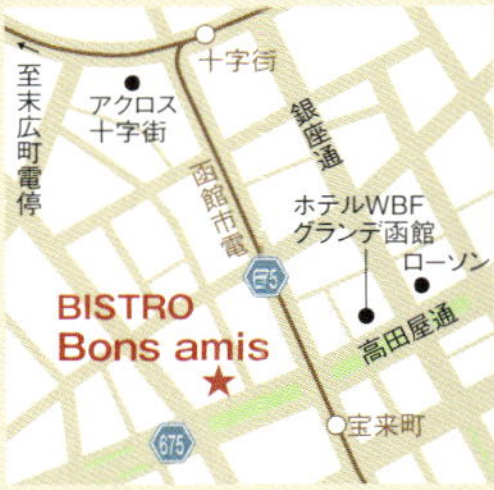

TEL. 0138-27-4530

ちょっとリッチにご褒美ランチ

住 函館市宝来町7-19
営 11:30～14:30(LO14:00)、17:30～22:00(LO21:30)
休 水曜　C 可(VISA、MASTER、JCB、AMEX、Diner 他)
席 20席(個室を除く)　全席禁煙
予 予約優先　P なし(店舗前駐車可)
交 市電「宝来町」電停より徒歩3分
HP なし

パスタを8種類の中から選ぶ「パスタコース」。写真は「海老のケジャンスパイスナポリタン」

Lunch menu

レストラン nana-papa

レストラン ナナパパ

富岡町 洋食

常においしさを求め続けるベテランシェフ渾身の一皿

店はアミューズメント会社が運営するフレンチレストランで10年間に渡り総料理長を務めたシェフの池田洋二さんが２０１１年にオープンさせた。

おすすめのパスタは「海老のケジャンスパイスナポリタン」。韓国料理にヒントを得て作られた新メニューで、10種類ものスパイスが効いた少しピリ辛のソースがエビの旨みを引き立てる。前菜、パン、デザート、ドリンク付きの「パスタコース」でいただきたい。人気の「ハンバーグステーキ ゴルゴンゾーラクリームソース」には季節の野菜が添えられ、たっぷりのチーズが食欲を誘う一品。常に驚きを与えてくれるシェフの料理に、今日も多くのグルメファンが集う。

1 贅沢に使ったチーズがおいしさの秘訣。「ハンバーグステーキ ゴルゴンゾーラクリームソース」

2 この日、入荷した大ぶりのサクラマス。素材そのものの良さを生かす料理に新鮮な食材が欠かせない

3 手づくりソーセージは、出来上がる前からすでに予約でいっぱいだとか

4 店は赤川通りと本通中央通りが交差する角の2階。大きな窓から眺める景色はシェフのお気に入り

料金 パスタコース…1,600円
ハンバーグステーキ ゴルゴンゾーラクリームソース…1,340円

TEL.0138-43-7788

ちょっとリッチにご褒美ランチ

住 函館市富岡町3丁目9-1 2F
営 11:30〜15:00(LO14:30)、18:00〜21:30(LO21:00)
休 木曜　C 不可
席 24席　昼は全席禁煙
予 予約がベスト　P 昼9台、夜14台(無料)
交 函館バス「東富岡」バス停より徒歩1分
HP なし

「フルーツポークシチュー　デミグラス仕立て」はライスorパン、スープor味噌汁、サラダ付き

BENTEN CAFE&DINING

ベンテン カフェアンドダイニング

弁天町　和洋食

百年越えの建物でいただく 食べ応えのある創作ランチ

２０１８年２月、歴史的建造物のカフェが並ぶ弁天町の西部臨海通り沿いに、１９０７（明治40）年建造の店舗兼住宅を再利用したカフェダイニングが誕生した。かつてこの場所で米穀店を営んでいた木造２階建てのこの建物に一目惚れしたオーナーは、市内で飲食店を経営する波並寛さん。瓦屋根で土間のある店舗部分をそのまま利用し、食べ応えのある創作料理を提供している。

ランチタイムはＴボーンステーキやハンバーグなど肉料理にライスやスープ付きのセットメニューが中心。ディナータイムは知内産のカキや厚切り牛タンの西京味噌焼きなど、厳選した素材の贅沢な酒の肴も楽しみたい。

1 女性に人気の「明太カルボナーラうどん」。ランチは＋100円でドリンク、＋300円でミニパフェをセット
2 カフェメニューも豊富。ショーケースの中のお好きなケーキとドリンクを選ぶ「ケーキセット」830円
3 入口の土間から上がった旧店舗部分にはテーブル席が用意されている
4 奥にあるのは靴を脱いでくつろげる畳敷きの部屋

料金 フルーツポークシチュー デミグラス仕立て…1,100円
明太カルボナーラうどん…1,000円

TEL. 090-7517-1734
住 函館市弁天町15-10
営 12:00～16:00、18:00～ラスト
休 月曜　C 不可
席 30席　全席禁煙
予 不可　P なし
交 市電「大町」電停より徒歩4分
HP http://brand-g-ltd.com

Lunch menu

和風きのこソースまたはデミグラスソースでいただく一番人気の「特製手ごねハンバーグセット」

Bistro Pas á Pas

ビストロ パサパ

富岡町　洋食

安くておいしい定番料理を地元のお客様に提供したい

　桐花通り沿いの五稜郭中学校近くに立つ淡いピンク色の外観が印象的なカジュアルレストラン。朝食のおいしいホテルとして知られるレストランの総料理長を務めたシェフの安藤文雄さんが「地元の方に安くておいしい料理を提供したい」との思いから、２０１２年にオープンさせた。

　熱烈なファンがいるという「特製手ごねハンバーグ」は、和風きのこソース、デミグラスソースのどちらかを選べる。スープ、パン(ライス)、コーヒー(紅茶)付きのリーズナブルなランチセットがおすすめ。また、森町砂原の「彩美健卵」を使った「ふわとろオムライスチーズ入り」も根強い人気を誇っている。

1 「ふわとろオムライスチーズ入り」1,550円は特製前菜の盛り合わせ、スープ、コーヒーまたは紅茶をセット

2 食後はオリジナルデザート3種と季節のフルーツで。「パサパ特製デザートの盛り合わせ」460円

3 ディナーで人気のパエリアは、鍋付きの持ち帰り用(3,000円)も好評(いずれも1時間前まで要予約)

4 淡いピンク色を基調にした可愛らしいお店は、店名通りパサパ(一歩一歩)お客様の心をつかんでいる

料金 パサパ特製手ごねハンバーグ ランチセット…1,350円
パエリア…S1,080円、M1,530円、L1,940円(要予約)

TEL. 0138-40-0633

ちょっとリッチにご褒美ランチ

住 函館市富岡町1丁目18-5
営 11:30〜14:00、17:30〜21:00(LO20:00)
休 水曜、第2木曜　C 不可
席 18席　全席禁煙
予 予約がベスト(パエリアは要予約)　P 4台以上(無料)
交 JR「五稜郭」駅より徒歩6分
HP なし

おすすめの「黒毛和牛を使用した“贅沢”ハンバーグ」。とろとろモッツァレラチーズのせは＋200円

Lunch menu

熊猫社中 洋食キッチン Sato

くまねこしゃちゅう ようしょくキッチン サトウ

山の手　洋食

特製ソースで贅沢に味わう 人気の黒毛和牛ハンバーグ

大人が安心して「手作り料理と素敵な時間」を楽しめる欧風料理店。オーナーシェフは、ホテルやレストランなどで料理の腕を磨いた佐藤誠一さん。「堅苦しさを感じずに、仲間や家族で賑やかに洋食を味わっていただけるお店を目指しています」。

ランチで人気の看板メニューは「黒毛和牛を使用した〝贅沢〟ハンバーグ」で、10日間以上かけて仕上げる特製デミグラスをアレンジしたソースがたっぷりとかかった逸品。食事の方には通常５００円（税別）のデザートを２００円（税込・限定12個）で提供。夜はアラカルトやお酒とともに楽しめるサイドメニューと予約制のフルコースも揃えている。

1

2

3

4

1 ディナーコースのメインは「黒毛和牛ヒレ肉の低温ロティ フォアグラのポワレ添え ストラスブール風」、前菜の「イベリコ豚のロティ 黒と白のトリュフの香り」

2 ディナーのサイドメニューで一番人気の「ムール貝の白ワイン蒸し」

3 「カスタードブディックのブリュレ フルーツのコンポート添え」はランチの方へ200円で提供

4 白と黒を基調にしたスタイリッシュなお店

料金 黒毛和牛を使用した“贅沢”ハンバーグ…1,472円(税別)(ランチ)
コース…5,000円~20,000円(税別)(ディナー)

TEL. 080-6060-7193

ちょっとリッチにご褒美ランチ

住 函館市山の手2丁目9-22

営 11:30~14:30(LO13:45)、18:00~21:30(LO20:30)、
※ディナーはワンドリンク制

休 木曜、金曜のランチ、海外仕入れ研修で長期休業あり　C 不可

席 14席　全席禁煙

予 予約がベスト、ディナーコースは3日前まで要予約　P 4台(無料)

交 函館バス「東本通」バス停より徒歩1分　HP http://kumanekosato.com/

「阿さ利」のすき焼きをもっともおいしく食べるための心得は、つくる手順をお店の方に任せること

Lunch & Dinner menu

阿さ利 本店

あさり ほんてん

宝来町 — 和食 —

市民に愛されて１１０余年 風格ある老舗のすき焼き店

函館ですき焼きというと誰もが思い浮かべる老舗のすき焼き店は、１９０１(明治34)年創業。高級料亭のような風格ある構えは、１９３４(昭和9)年の函館大火後に、総檜造りの建物を青森から解体、移築したもので、当時の函館の栄華がうかがえる。

おすすめは仕入れによって異なる限定メニュー。この日は鹿児島産の黒毛和牛A5ランクで、誕生から3年以内、出産経験のない牝牛のサーロイン。常に良質な肉を求め、全国から選りすぐりの牛肉を仕入れている。1階の精肉店では一般的な精肉から最上級の黒毛和牛までを販売。惣菜コーナーのコロッケは開店と同時に行列ができる人気商品だ。

1 限定メニュー「黒毛和牛A5サーロイン牝コース」1人前4,300円。希少な未経産牝牛の肉は味わい深い旨みが特徴

2 揚げたての熱々コロッケは1階精肉店の人気商品。食事と一緒に食べる場合は要予約

3 肉のランクによって値段が異なる持ち帰り用の「すき焼き弁当」。980円～3,000円

4 歴史と伝統を物語る純和風の個室。夜は8組限定

5 暖簾をくぐって玄関に入り、重厚な造りの階段から2階へ

料金 A…1,400円、B…1,600円（ランチ）
お食事すき焼きコース…2,600円～（ディナー）

TEL. 0138-23-0422

住 函館市宝来町10-11
営 11:00～21:00（LO20:30）、
ランチメニュー（平日のみ）11:30～13:30（LO13:00）
休 水曜　C 可（VISA、MASTER、JCB、AMEX、Diner 他）
席 60席　ランチタイムは全席禁煙
予 要予約　P 10台（無料）
交 市電「宝来町」電停より徒歩1分　HP なし

Lunch menu

「特選寿司ランチ」はウニ、イクラを含む旬のネタの握り、小鉢、サラダ、椀物、梅茶碗蒸し付き

鮨処 あうん亭 光

すしどころ あうんてい みつ

中島町　和食

この道36年の寿司職人が しゃりにこだわる握り寿司

店主は寿司職人歴36年の金谷光治さん。函館市内の有名寿司店やホテルで腕を磨き、２０１７年３月にこの店をオープンさせた。この場所で長年親しまれてきた寿司店の名に、自分の名前の一文字を加えた店名にしたことで、旧店舗の常連客も気軽に店を訪れるようになったという。

一番人気の「特選寿司ランチ」には、ウニとイクラをはじめ、マグロ、メバル、イカなど旬のネタが揃う。梅干しを入れた梅茶碗蒸しのさっぱりとした味わいも格別だ。「海鮮丼ランチ」、「にぎりランチ」、「助六ランチ」のほかに季節限定のランチもお楽しみ。夜は「大将おまかせ握り」や自慢の一品料理をじっくり堪能したい。

1 一品料理のおすすめは「牛陶板焼き」900円（税別）

2 接待や家族連れにも便利な椅子席の小上がりは4卓。飲み放題付きの宴会メニューも取り揃えている

3 カウンターには譲り受けた「あうん」の看板が。しゃりにこだわる寿司職人が満を持してオープンさせた店

4 ゴツゴツした形の魚を舟に見立てた「八角の軍艦焼き」800円（税別）は風味の良い柚子味噌でいただく

料金 特選寿司ランチ…2,000円（税別）
大将おまかせ握り…3,800円（税別）

TEL.0138-86-7713

住 函館市中島町36-16

営 11:30～14:00（LO13:30）、17:00～22:00（LO21:30）

休 水曜　C 可（VISA、MASTER、JCB、AMEX、Diner 他）

席 30席　昼は全席禁煙、夜は分煙

予 予約がベスト　P 7台（無料）

交 函館共愛会病院より徒歩2分

HP Facebookあり

肝吸い付きの「うな重」上3,240円。専門店から引き継いだ自慢のタレが国産うなぎの味を引き立てる

Lunch & Dinner menu

うなぎ処 髙はし

うなぎどころ たかはし

五稜郭町　和食

継ぎ足した秘伝のタレが極上うなぎの旨さの秘訣

「天ぷら 髙はし」として創業したのは1977年（昭和52）年。京都で日本料理を学んだ二代目がうなぎ専門の職人から指南を受けて、函館では数少ないうなぎ専門店へ移行。卓越した初代の天ぷらと二代目のうなぎの競演が楽しめる。

大きさが揃った国産のみを使用するうなぎは、注文を受けてから蒸して焼き上げる。気なる値段はうなぎの量によって異なり、並は4分の3匹、上は1匹、特上は1匹半。60年以上も継ぎ足してきたタレがうなぎの旨さを引き立てる。一品料理の「うなぎの白焼き」や「肝焼き」420円もおすすめ。初代が揚げる天ぷらはサクッと仕上げた「天ぷら盛り合わせ」が人気。

1 山葵醤油か柚子胡椒でいただくカリッと香ばしく焼き上げた「うなぎの白焼き」2,920円
2 静岡県または愛媛県産のうなぎを使ったリーズナブルな「ランチうな丼」1,400円。平日10食限定
3 大きさが均一で肉質が柔らかい国産のうなぎを本州の産地から仕入れている
4 うなぎの焼ける香ばしい匂いが食欲をそそるカウンター席
5 店の奥には掘りごたつの座敷や個室も用意

料金 うな丼…2,700円〜、うな重…2,750円〜
うなぎ会席…4,500円〜、天ぷら定食…1,950円〜

TEL. 0138-56-0810

おもてなしのランチ＆ディナー

住 函館市五稜郭町24-7
営 11:30〜14:30(LO13:45)、17:00〜21:30(LO20:30)
休 火曜　C 不可
席 50席　分煙
予 予約可、コースは要予約　P 15台(無料)
交 函館バス「五稜郭公園裏」バス停より徒歩3分
HP なし

気軽に地元食材を使ったスペイン料理を味わえる。写真はオードブル付きのランチB（2,700円）の一例

Lunch menu

Restaurante VASCU

レストラン バスク

松陰町　洋食

伝統的なスペインの料理を北海道の豊かな食材で再現

オーナーシェフはスペイン北部の町サン・セバスチャンにある有名レストランで、フランス国境に近いバスク地方の料理を学んだ深谷宏治さん。帰国後の１９８１年、日本では数少ない本格的スペイン料理店を故郷の函館にオープンさせた。師と仰ぐルイス・イリサールの教えを守り、あくまでも基本は崩さず、そこから一歩踏み込んだ伝統のスペイン料理を今も作り続けている。

開店以来、食材は地元北海道産が中心。近郊で飼育された肉や近海で獲れた魚、自家菜園で育てた有機農法の野菜など、函館でしか味わえないスペインバスク料理をシェフオリジナルの「渡島半島の料理」として提供している。

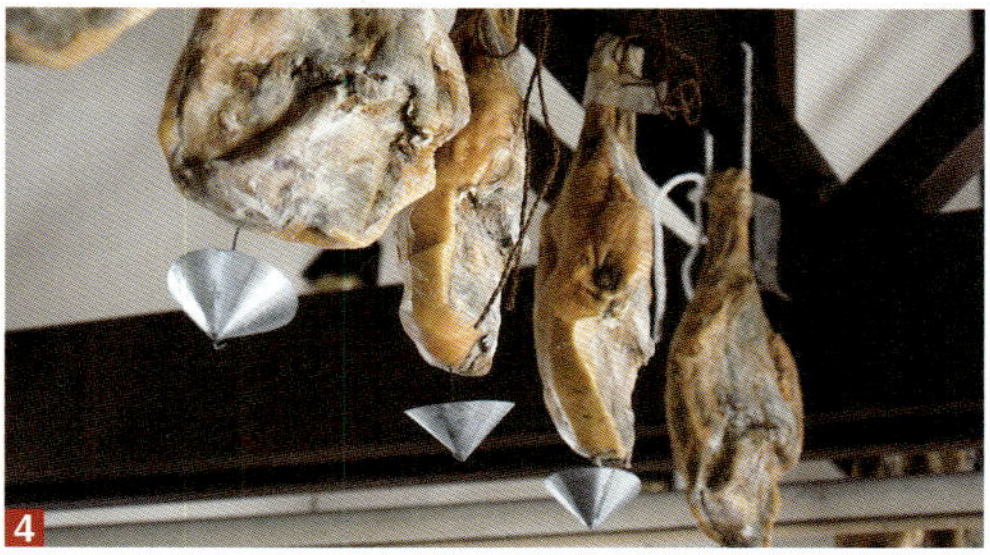

1 ランチのA・Bともに数種類の中からメインディッシュが選べる。写真は「津軽海峡産あんこうのグリエ」

2 この日のデザートは「茂辺地産ふきのとうのアイス」と「カスタードクリームのブリュレ」

3 全国各地で行われているイベント「バル街」の仕掛け人として知られるシェフの深谷さん

4 開業当時から作り続けている自家製の生ハムがレストランの天井を飾る

料金 A・1,945円、B・2,700円、C・4,320円（渡島半島の料理）（ランチ）
渡島半島の料理…4,645円、6,480円、8,649円、10,800円（ディナー）

TEL.0138-56-1570

おもてなしのランチ＆ディナー

住 函館市松陰町1-4
営 11:30～14:30（LO14:00）、平日・土曜17:00～21:30（LO21:00）、日曜17:00～21:00（LO20:30）
休 水曜　C 不可
席 40席　全席禁煙
予 できれば予約を　P 10台（無料）
交 市電「杉並町」電停より徒歩3分　HP http://www.vascu.com/

Lunch menu

「焼スパランチ」はベタナポリタン（写真）、カルボナーラ、スパイシーミートソースの3種類

Kumakichi食堂

クマキチしょくどう

柏木町　洋食

アイデアいっぱいの料理で夫婦がもてなす洋風居酒屋

シェフでパティシエの住吉潤一さんと妻の真由美さんが、二人で店を切り盛りする深堀町電停近くの洋風居酒屋。自他ともに認めるお酒好きの２人が提供するのは、世界各国のワインやビールに合う多国籍料理と友人を招くときにつくったパーティー料理。

３種類から選べる「焼スパランチ」はサラダ、ドリンク付き。＋３００円（税別）でデザートも楽しめる。おすすめは、香辛料を効かせた挽肉とシャキシャキのニラ、生卵を春巻の皮で包んで揚げた「台湾ブリック」。パリパリッとした皮の中からとろりと卵があふれてビールに良く合う。人気の「海のパエリア」は、お持ち帰り用（３０００円・税別）もある。

1 チェニジアの料理を真由美さんのアイデアでアレンジしたピリ辛の「台湾ブリック」450円（税別）

2 熱々をいただく「チェニジア風ミートボールのケフタ」はパン付き1,200円（税別）

3 人気の「海のパエリア」は、おいしくつくるためにも2人前以上で注文を

4 住吉さん夫婦との会話を楽しめるカウンター席と、友人や知人を誘ってゆっくりお酒を楽しめるテーブル席

料金 焼スパランチ…1,000円（税別）（ランチ）
海のパエリア…小1,960円、大3,920円（税別）（ディナー）

TEL.0138-54-1573

おもてなしのランチ＆ディナー

住 函館市柏木町35-31
営 ランチ（火～土曜）・11:30～14:00（LO13:30）、
居酒屋・18:00～23:00（LO22:00）
休 日曜・第2月曜　C 不可　席 23席　ランチは全席禁煙
予 席のみの予約可　P 4台（無料）
交 市電「深堀町」電停よりすぐ
HP http:// http://kumakichi-shokudou.gourmet.coocan.jp

駿河湾由比産の生の桜海老をたっぷり入れて香ばしくかき揚げにした「桜海老のかき揚げセイロ」

Lunch menu

蕎麦彩彩 久留葉

そばさいさい くるは

元町 和食

こだわりの手打ちそばと桜海老たっぷりのかき揚げ

大三坂の途中にある1925(大正14)年建造の古民家を再利用したそば処。水はけの良い山間の畑で栽培されたソバの実をその日に使う分だけ石臼でひいた本格手打ちそばが味わえる。だしは二年物以上の本枯節をベースに、真昆布、枯鯖節、枯宗田節を使用。もり汁とかけ汁は異なるだしを使うなど、そば本来の風味を楽しむためのさまざまな工夫がなされている。

ランチのおすすめは、駿河湾由比産の生の桜海老のかき揚げが絶品のセイロ。夜は予約制の「特別蕎麦会席」で旬を生かした酒肴盛りや大葉切りそばとアンチョビのバジルオイル和えなど、イタリアンテイストの創作料理が楽しめる。

1

2

3

4

1 イタリアンやフレンチの要素を取り入れた創作料理が並ぶ「特別蕎麦会席」（一例）
2 大正時代に建てられた純和風の民家の面影が壁や天井に残るテーブル席
3 古民家をリノベーションした風情あるそば処。蕎麦会席は庭が見える座敷席でいただく
4 甘さ控えめでなめらかな食感の「韃靼蕎麦茶プリン」290円は、食後のデザートに

料金 桜海老のかき揚げセイロ…1,400円（ランチ）
蕎麦会席…5,000円（税別）、特別蕎麦会席…7,000円（税別）（ディナー）※2名様より、前々日までの要予約

TEL. 0138-27-8120

おもてなしのランチ＆ディナー

住 函館市元町30-7
営 11:30～15:00（LO14:30）、17:00～20:00（LO19:30）売り切れ次第終了、ディナー17:30～20:00
休 不定　C 不可
席 24席　全席禁煙
予 ディナー会席は前々日までの要予約　P 6台（無料）
交 市電「十字街」電停より徒歩8分　HP なし

ボリューム満点の「本日の特上日替り」。この日の焼き魚はホッケの西京漬と紅鮭のハラス

Lunch menu

郷土風味 魚来亭

きょうどふうみ ぎょらいてい

本町　和食

創業以来の変わらぬ旨さで 誰もが納得の函館を味わう

飲食店がひしめく本町の繁華街の中心に、おいしい和食と酒と肴が味わえる店として30年以上も変わらぬ人気を誇る料理店。函館および近海で獲れた新鮮な海の幸と道南近郊の山菜や旬の野菜を使った本格的な板前料理が堪能できる。

ヘルシーな日本食を好む地元の女性客やビジネスマン、地元ならではの味を楽しみたいという観光客にも喜ばれているのが、「日替り定食」９５０円や「海鮮丼」２０００円など種類豊富なランチメニュー。おすすめは、新鮮な刺身３点と焼き魚２種を味わえる満足度の高い「本日の特上日替り」。夜は板前さんが腕によりをかけた一品料理とともに道南米の地酒に酔いしれたい。

1 本格的に修業を積んだ板前料理が自慢。「時鮭（トキシラズ）の梅おろしあんかけ」1,500円（税別）

2 木古内、せたな、今金など道南の米を使った地酒をそろえ、観光客や地酒ファンを喜ばせている

3 カウンター席や掘りごたつの個室、40名までの宴会が可能な広い和室も用意されている

4 珍しく活魚で届いた高級魚のキンキが生け簀の中に。ここから取り出してつくる刺身は絶品

料金 本日の特上日替り…1,200円（ランチ）
※内容は季節や仕入れによって異なる
※ディナーはアラカルトまたは宴会メニュー

TEL. 0138-53-7755

おもてなしのランチ＆ディナー

住 函館市本町22-11 グリーンエステート1F
営 11:30〜14:00、17:00〜23:00（LO22:00）
休 日曜　C 可（VISA、MASTER、JCB、AMEX 他）
席 60席　喫煙 可（ランチは全席禁煙）
予 予約可　P スタッフにお尋ねください
交 市電「五稜郭公園前」電停より徒歩3分
HP なし

Lunch & Dinner menu

「中エビフライ(26㎝)と牛ヒレ肉(100g)」。ライス、ポタージュ、コーヒー付きは2,980円

レストラン ヨシヤ

レストラン ヨシヤ

弁天町 洋食

昭和の匂いが残る洋食店のビッグサイズのエビフライ

1972(昭和47)年、造船や北洋漁業に関わる人々で賑わった大黒通りに開業し、7年後に現在地へ移転。創業者の能登秀康さんと兄の庄平さんが厨房に立ち、皿からはみ出すほどのエビフライやステーキ、ハンバーグなどが人気を呼ぶ。現オーナーシェフの能登宏英は、病に倒れた父・庄平さんの跡を継ぎ、叔父・秀康さんから料理人としての技と心構えを学んだ。

変わらぬおいしさのエビフライは、ほかに類を見ないビッグサイズで、サクサクの衣の中から現れるプリプリで食べ応えのあるエビは、仕入れからこだわった証だ。豊富な洋食メニューを揃え、幅広い世代のお客様に利用されている。

1 小エビフライ（22㎝）、ヒレカツ、ハンバーグを一度に味わえるのがうれしい「Aセット」1,870円

2 店名の「ヨシヤ」の由来は、旧約聖書やイエス・キリストに関連しているなど諸説があるようだ

3 昭和の全盛期を懐かしむ常連客や家族連れ、一度食べた味が忘れられないと再訪する観光客も多い

4 店舗があるのは建物の2階。大黒通りに面した窓からは、函館港の景色を見ることができる

料金 中エビフライと牛ヒレ肉…2,780円
※エビの大きさは仕入れによって若干異なる

TEL. 0138-22-1365

おもてなしのランチ＆ディナー

住 函館市弁天町5-6
営 11:00～21:00（LO20:30）、ランチ14:00まで（平日のみ）
※仕込みのため14:00～17:00は閉店の場合あり
休 水曜（祝日は営業）　C 可（VISA、MASTER、JCB、AMEX 他）
席 60席　土・日曜、祝日は全席禁煙、平日は分煙
予 予約可、大エビフライは要予約　P 7台（無料）
交 市電「函館どつく前」電停より徒歩3分　HP なし

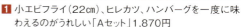

函館産の大ぶりなアワビとグリーンアスパラなど旬の食材でつくった「鮑のXO醬炒め」

Dinner menu

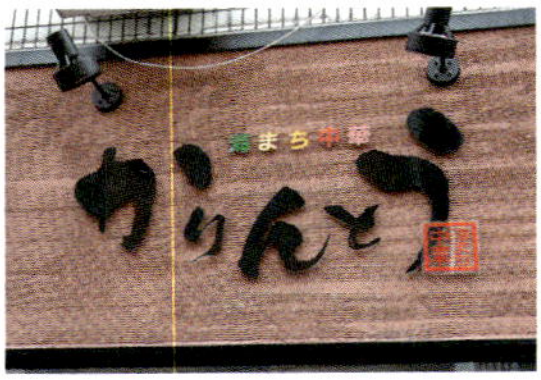

海まち中華 かりんとう

うみまちちゅうか かりんとう

本町　中華

地元の人々との絆を深める本格中華レストランが誕生

２０１７年12月、本町の繁華街に誕生した本格中華レストラン。料理長は札幌の有名ホテルの中華料理店や函館の中華専門店で腕を振るった内村卓生さん。店づくりから仕込みまで初心に返っての再スタートは、これまで料理を通じて交流を続けてきた函館の人々を喜ばせた。

週末と祝日限定で提供するランチメニューや高級中華料理店でしか味わえない贅沢な一品料理も、地元の新鮮な食材を使ってリーズナブルに設定。旬の魚介を湯引きして、熱したピーナッツオイルにネギと生姜の香りをからませ、醤油ベースの特製ソースをかけた「魚介の湯引き 香港スタイル」など、気軽に本場の味が堪能できる。

1

2

3

4

5

1 主菜が選べる「ランチメニュー」は8種類。スープ、ライス、ザーサイ、コーヒーまたはウーロン茶付き。土・日曜、祝日限定
2 「函館産真イカの湯引き 香港スタイル」。函館近海で取れた旬の魚介を使った一品料理が楽しめる
3 濃厚な味と香りを楽しむ「やわらか杏仁豆腐」450円
4 料理長がこだわった赤のソファとダークブラウンのテーブルが、シックな印象を与える店内
5 厨房と廊下を挟んで手前と奥にテーブル席を用意

料金 鮑のXO醤炒め…2,400円
ランチメニュー…850円、1,000円(土・日曜、祝日限定)

TEL.0138-31-8811

おもてなしのランチ＆ディナー

住 函館市本町22-11 グリーンエステートビル1F
営 土・日曜、祝日11:30～14:00(LO13:30)、火～土曜18:00～翌2:00(LO1:30)、日曜、祝日18:00～22:00(LO21:30)
休 月曜(祝日の場合は翌日)、第3火曜 C 可(VISA、MASTER、JCB、AMEX 他)
席 30席 全席禁煙
予 予約可 P なし
交 市電「五稜郭公園前」電停より徒歩3分 HP なし

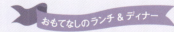

Dinner menu

前菜、スープ、魚介のグラタン、ハンバーグorメンチカツ、デザート盛り合わせなど、豪華な「洋食コース」

Café&Restaurant Bees.Bee

カフェアンドレストラン ビーズビー

柏木町　洋食

変わらぬ味を探求し続ける手づくりにこだわった洋食

オーナーシェフ平山憲さんの母が亀田川沿いの堀川町に喫茶店をオープンさせたのは1968(昭和43)年のこと。やがて洋食を学んだ平山さんが加わり現在地へ移転してから早22年。昔からのファンに支えられ、決して流行にとらわれることなく、すべて手づくりにこだわった本物の洋食を探求し続けている。

ランチタイムはヘルシー志向の老若男女に人気の「ベジタブルヤキニク」やデミグラスソースたっぷりの「オムデミライス」などをスープ、サラダ、デザート、ドリンク付きのセットで提供。夜はお酒と一緒に楽しむアラカルトメニューも豊富で、記念日にはフルコースディナーでゆったりと過ごしたい。

1

2

3

4

5

1 看板メニューの「オムデミライス」950円(税別)。お得なランチタイムセットは1,100円(税別)
2 「ベジタブルヤキニク」950円(税別)。ランチタイムはライス、スープ、デザート、ドリンク付きで1,200円(税別)
3 コースメニューの「デザート盛り合わせ」
4 手軽なランチから本格フルコースディナーまで、落ち着いて食事を楽しみたい方におすすめのレストラン
5 食事付きのライブ演奏会などのイベントも行われている

料金 ランチタイムセット…1,100円〜(税別)(ランチ)
洋食コース…2,500円(税別)(ディナー)

TEL.0138-51-7881

アニバーサリーのランチ&ディナー

住 函館市柏木町39-3
営 11:30〜LO14:30、18:00〜LO21:00
休 月曜　C 可(VISA、MASTER、JCB、AMEX 他)
席 32席　全席禁煙
予 予約可、ディナーコースは要予約　P 5台(無料)
交 市電「深堀町」電停より徒歩5分
HP なし

Lunch menu

オードブル、サラダ、デザート付きの「煮込みランチ」。メインは豚肉といちじくの白ワイン煮込み

cake & restau La Riviere

ケーキ アンド レスト ラ リヴィエール

鍛冶　洋食

記念日の食事を楽しむなら南プロヴァンス風の料理で

産業道路から一歩入ったピンク色の外壁が可愛いらしい印象を残すフレンチレストラン。かつて杉並町にあった「ラ・メゾン・ド・カンパーニュ」で料理を学んだオーナーシェフの佐々木宏次さんが１９９７年にオープンさせた。地元の旬の食材を取り入れた南プロヴァンス風の煮込み料理やキッシュ、各種パスタ、テイクアウトもできる自家製スイーツが楽しめる。

昼は「キッシュランチ」、「パスタランチ」、「煮込みランチ」の３コースがあり、夜は２つの「おまかせディナーコース」と「パスタコース」、２人でパスタやメイン料理をシェアしていただく「リヴィエールコース」２人分６５００円も人気。

1

2

3

4

1 ワインと一緒に味わうアラカルトも人気。旬の魚を使った「ニシンのマリネ」780円

2 店内は南フランスのプロヴァンス地方をイメージし、落ち着いた大人の雰囲気が漂うお店

3 旬の野菜やその日に仕入れた食材でつくる「シェフおまかせサラダ」950円。この日は仔羊の肉を使用

4 家族の記念日、夫婦やカップルでのディナーにおすすめのレストラン

料金 煮込みランチ…1,680円～
ディナーコース…3,900円～

TEL. 0138-55-1130

アニバーサリーのランチ&ディナー

住 函館市鍛治2丁目39-12

営 11:30～14:30(LO14:00)、18:00～21:30(LO21:00)、日曜・祝日11:30～14:30(LO14:00)、17:00～21:00(LO20:30)

休 月曜　C 不可

席 18席　全席禁煙

予 予約がベスト　P 5台(無料)

交 鍛神小学校より徒歩2分　HP なし

Lunch menu

前菜、肉または魚料理と14種類の中からパスタが選べるランチメニューC。写真はイカスミパスタ

RISTORANTE La.Stella

リストランテ ラ ステラ

本通 洋食

本格イタリアンをいただく静かな住宅街のレストラン

本通富岡通りから小路を入った保安林向かいの閑静な住宅街にあるイタリアンレストラン。１９９９年に函館駅前より移転し、ローマのレストランで料理を学んだオーナーシェフの小坂俊彦さんと、父と同じ店で修業を積んだ息子の龍巳さんが、旬の地元食材を積極的に取り入れたイタリア料理を提供している。珍しい野菜があれば店内でも販売し、数年に一度はローマへ赴いて、オリーブオイルなど本場の食材を仕入れている。

ランチは14種類の中からパスタが選べるA～Cのコースとピッツアコースがあり、夜はアラカルトメニューを中心に、パスタやピッツァを含むコースディナーも好評。

1

2

3

4

1 この日の肉料理は「ルスツ産もち豚のソテー ブルーベリーバルサミコソース」

2 4種類の肉を使ったテリーヌやイタリア風オムレツなど、旬の食材たっぷりの彩りも鮮やかな前菜

3 注がれる日差しが柔らかい窓際のテーブル席。保安林の向こうに五稜郭タワーが見える

4 ペット連れでも食事ができる緑に囲まれたテラス席

料金 ランチメニュー…A 1,080円、B 1,620円、C 2,810円、D 1,840円
パスタコース…ディナー2,200円～

TEL. 0138-31-2372

アニバーサリーのランチ＆ディナー

住 函館市本通1丁目4-1
営 11:30～15:00(LO14:30)、17:30～22:00(LO21:00)
休 月曜、第3火曜(祝日は営業、翌日休業)　C 不可
席 24席(個室を除く)　喫煙 可
予 予約可(週末は予約がベスト)　P 10台(無料)
交 函館バス「本通小学校前」バス停より徒歩3分
HP なし

トマト風味の甘エビの棒寿司やインカのめざめのポテトサラダなど、豪華なアミューズ（2人前）

Lunch menu

TAKA五稜郭

タカごりょうかく

五稜郭町　洋食

地元産の食材にこだわった箸でいただく創作フレンチ

春は花見客、夏は大勢の観光客で賑わう五稜郭公園のほど近くに立つ一軒家レストラン。フレンチ一筋というオーナーシェフの福井孝敏さんは、スイスのローザンヌで修業後、札幌のホテルや登別のオーベルジュで腕を振るい、その後、函館の観光エリアにあるレストランの料理長を務めた。函館近郊の新鮮な食材と出身地である松前の豊かな海の幸に、醤油や味噌などでアレンジした日本人の味覚に合うフレンチを提供している。

ランチ、ディナーはともにコースのみ。懐石料理の八寸にヒントを得た季節感たっぷりのアミューズには、いつも驚きがいっぱい。お箸でいただける気軽さも常連客に喜ばれている。

1 薄めの出汁で炊いた大根に厚みのあるフォアグラのソテーを組み合わせた「シェフおまかせコース」の前菜
2 吹き抜けのある近代的和風建築の一軒家レストラン
3 緩やかに弧を描いた窓から柔らかな日が差し込む店内。家庭的な雰囲気の中でゆったりと食事が楽しめる
4 接待や会食、記念日の食事には、坪庭の見える純和風の個室がおすすめ(2～6名まで、要予約)

料金 ランチコース…1,900円～
ディナーコース…4,200円～

TEL. 0138-83-5777

アニバーサリーのランチ&ディナー

住 函館市五稜郭町25-12
営 11:30～14:30(LO14:00)、18:00～LO20:30
休 火曜、月曜のディナー　C 不可
席 24席　全席禁煙
予 ディナー、個室限定は要予約　P 8台(無料)
交 函館バス「中央図書館前」バス停より徒歩2分
HP なし

森町限定生産のひこま豚（SPS豚）は肉の旨さをシンプルに味わう「ハーブロースト」1,380円がおすすめ

Dinner menu

café dining greed

カフェ ダイニング グリード

本通　洋食

シェフが惚れ込んだ豚肉の旨さを引き立てる創作料理

洋食をベースに札幌や函館の飲食店で料理を学んだオーナーシェフの川辺亮平さんが、2015年にオープンさせた多国籍料理を提供するカフェダイニング。仲間とともに仕上げたという内装や外壁に手作りの温もりが感じられ、靴を脱いで入る個室は、子ども連れのママさんに喜ばれている。

女性に人気の月替りランチ（1000円）やパエリアランチをはじめ、新メニューが登場したディナーのアラカルトでは、シェフが惚れ込んだ「ひこま豚」の料理がおすすめ。独特な甘みがある肉の特徴を生かしたハーブローストやバーベキュースペアリブなど、50種以上のアルコールとともにシェフ自慢の創作料理を味わいたい。

1 パエリアはランチ、ディナーともに2名様より提供。夜の「パエリアコース」は1名様2,500円

2 カラフルな椅子のカウンター席の前にはオープンキッチン、仕切りのあるテーブル席もご用意

3 靴を脱いでくつろぐことができるハンモックのある個室は10名様まで利用可能

4 シェアして食べたいボリュームたっぷりの「アボカドとサーモンのタルタルサラダ」780円

料金 パエリアランチ…1名様1,500円（2名様～）（ランチ）
女子会コース…4,000円（2時間飲み放題付き）（ディナー）

アニバーサリーのランチ＆ディナー

TEL.0138-85-6567

住 函館市本通2丁目30-10

営 12:00～15:00（LO14:30）、18:00～24:00（LO23:00）

休 日曜　C 不可

席 40席　喫煙 可

予 予約可　P 4台、18:00以降＋8台（無料）※詳しくはスタッフへ

交 函館バス「本通農協前」バス停より徒歩1分

HP なし

Lunch menu

鉄板の上でジュウジュウ音を立てる「ハンバーグステーキ」は、同店の人気ナンバーワンメニュー

キッチン やまぐち

キッチン やまぐち

北斗市　洋食

熱々の鉄板の上で焼かれた人気のハンバーグステーキ

２０１６年４月に久根別駅近くの閑静な住宅街に誕生した一軒家レストラン。熱々の鉄板の上でジュウジュウと音を立てながら運ばれる「ハンバーグステーキ」が地元のグルメブログで紹介されると瞬く間に拡散。２００ｇもあるハンバーグはボリューム満点で、牛骨、牛スジ、野菜などを数日間かけてじっくり煮込んだ特製デミグラスソースが肉の旨みを引き立てる。

オーナーの山口広治さんは、東京や函館市内のレストランで腕を磨いた料理人。その人柄が伝わる丁寧な接客もこの店の魅力で、コスパの高いランチセットや夜はボリュームたっぷりの食事を楽しむ家族連れなどで賑わっている。

1 ボリュームたっぷりの「ポークソテー」ランチはライス、スープ、サラダ付き1,200円。夜は単品で1,150円

2 奥の部屋のテーブル席と合わせて席数は23。ランチの混み合う時間帯は、行列ができることも

3 大きな窓から庭を眺めながら、ゆっくり食事が楽しめる住宅街の一軒家レストラン

4 熱々をいただく「ビフテキランチ」も食べ応えがある。夜はお酒とともに単品1,700円の「ビーフステーキ」で

料金 ハンバーグステーキ…1,000円
ビフテキランチ…1,750円

アニバーサリーのランチ＆ディナー

TEL.0138-73-3640

住 北斗市久根別2丁目20-8
営 11:30～14:00(LO13:30)、17:00～21:00(LO20:00)
休 水曜　C 不可
席 23席　🚭 可
予 予約可　P 2台(無料)
交 道南いさりび鉄道「久根別」駅より徒歩5分
HP なし

Lunch menu

オードブル、肉と魚のメイン料理が味わえるランチコース2,200円。パン、デザート、コーヒー付き

BISTRO HAKU

ビストロ ハク

本通　洋食

奇をてらわずシンプルに 一皿に込めた生産者の思い

店名に込めた「真っ白からのスタート」をテーマに、末広町のホテル内にあったレストランを現在地に移して約10年。信頼する生産者から仕入れた食材を、奇をてらわずシンプルに、素材の旨みをじっくり味わえる料理に仕上げ、ランチ、ディナーともに多くのファンを魅了し続けている。

女性に人気のランチは、リーズナブルなワンプレート（1000円）と2つのコースを提供。家族の記念日やお祝いには、季節ごとに素材を変えて盛り合わせたオードブルと、肉と魚の2つのメイン料理を味わえる2200円のコースがおすすめ。夜も気軽にワインを飲みながら本格フレンチが堪能できる。

1

2

3

4

5

1 本日のオードブルは、エスカルゴ、鶏のささみのサラダ、リエット、カブのスープと盛りだくさん

2 旬の魚介を使った魚のメイン料理。この日はタラのムニエルで、スライスしたアーモンドが香ばしい

3 本日の肉料理は皮目をカリッと焼いたチキンソテー

4 食後のお楽しみは手づくりのプリン。単品は220円

5 シックな店内にカウンターと4つのテーブル席を配置

料金 ランチコース…1,650円～
ディナーコース…4,300円～
パーティープラン…5,400円～

TEL. 0138-53-8486

アニバーサリーのランチ&ディナー

住 函館市本通1丁目7-18
営 11:00～15:00（LO14:15）、18:30～23:00（LO22:00）
休 日曜　C 不可
席 21席　喫煙 可
予 予約可　P 5台（無料）
交 「本通小学校前」バス停より徒歩1分
HP なし

「グルメランチ」2,000円(税別)。この日は黒ゾイを使った魚料理で。自家製デザート盛り合わせ付き

Lunch menu

レストラン やまもと

レストラン やまもと

本町 洋食

気軽なランチや食事会から フルコースのディナーまで

店のオープンは１９８８年。オーナーシェフの山本吉徳さんいわく「少し奥まった所にあるほうが、お客様が入りやすい」との理由で、本町の目抜き通りから一本奥に入ったこの場所に決めた。普段使いから記念日の食事まで、シーンに合わせた使い分けができるフレンチレストランは、今年創業30周年を迎えた。

昼はハンバーグステーキをはじめ、肉または魚料理が選べるランチのコース、夜はフルコースディナーや牛ヒレステーキ、サーロインステーキを堪能できるグルメディナーがおすすめ。厨房が見えるフロアを改修し、ご家族揃っての食事会や歓送迎会など、大人数にも対応している。

1

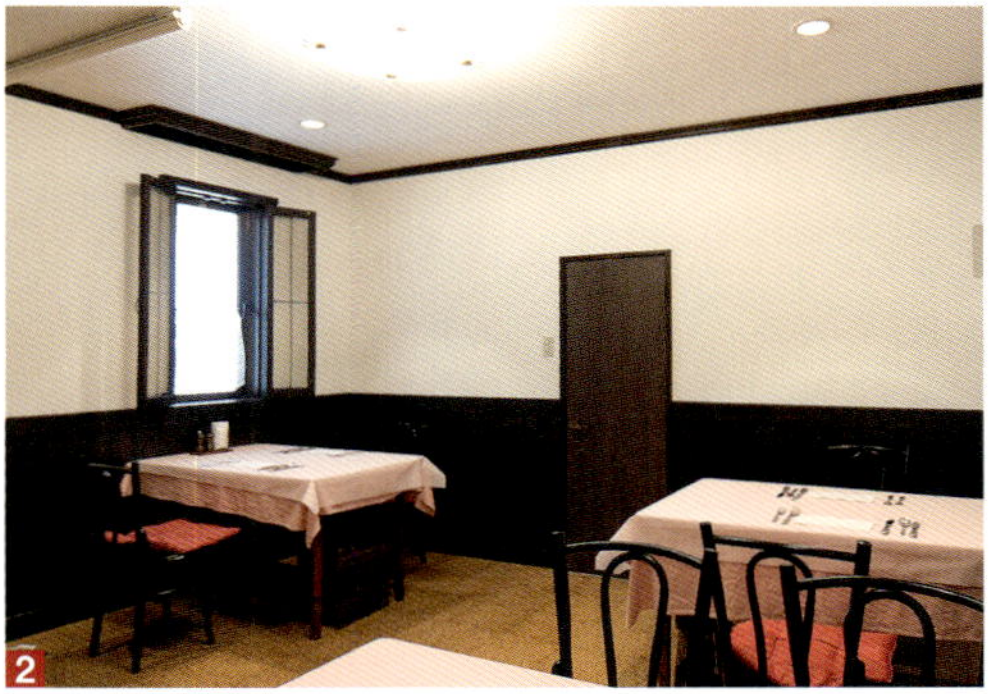

2

3

4

1 「グルメランチ」の肉料理は、じっくり煮込んだ鶏モモ肉の赤ワイン煮。アラカルトでも提供している

2 改修によってさらに使いやすくなった厨房横のテーブル席

3 大人の雰囲気漂うシックなインテリアの本格フレンチレストランで、気軽にランチやディナーを楽しみたい

4 思わず歓声が上がる食後のお楽しみはボリュームたっぷりなデザートの盛り合わせ

料金 ランチコース…1,500円～(税別)
ディナーコース…3,500円～(税別)

アニバーサリーのランチ&ディナー

TEL. 0138-55-0705

住 函館市本町21-1
営 11:30～14:00(LO13:30)、17:30～22:00(LO21:00)
休 第3火曜　C 不可
席 34席　スタッフにお尋ねください
予 要予約　P 1台(無料)
交 市電「五稜郭公園前」電停より徒歩3分
HP なし

「創業の味セット」のメインはサーモンと茸のロシア風またはビーフストロガノフのどちらかを選択

五島軒 本店

ごとうけん ほんてん

末広町 洋食

異国情緒あふれるこの街の洋食文化を支えて１４０年

創業１８７９（明治12）年の北海道で最も古い歴史を持つ洋食レストラン。長い歴史の中で一貫してカレーライスやハヤシライス、オムライスなど変わらぬ味の洋食を提供し続け、異国情緒あふれる函館の洋食文化を支えてきた。また、開業当時を再現した「創業の味セット」は、ボルシチスープ、ビーフストロガノフなどロシアの伝統的料理を堪能できる。

人気のイギリス、フランス、インドなど各国風のカレーをはじめ、ハンバーグやビーフシチュー、蟹クリームコロッケ、パスタなど気軽に味わえるメニューから本格フレンチのフルコースまで、予算や人数に合わせたランチ＆ディナーが楽しめる。

1 根強い人気を誇る「ビーフシチュー五島軒風」1,620円
2 「リッチ鴨カレー」2,376円は、柔らかい鴨肉を贅沢に添えた甘口のカレー
3 イギリス風カレーと蟹クリームコロッケ、ビーフシチューなどを味わう「明治の洋食&カレーセット」2,160円
4 年代物の家具や調度品がゆったりと配置され、五島軒の長い歴史を感じるレストラン「雪河亭」の店内

料金 創業の味セット(ロシア料理)…2,376円
メモリアルリッチ鴨カレーコース…3,780円

ハレの日のランチ&ディナー

TEL.0138-23-1106

住 函館市末広町4-5
営 11:30〜LO20:30(11〜3月はLO20:00)
休 なし(1〜2月は月曜休)　C 可(VISA、MASTER、JCB、AMEX、Diner 他)
席 120席　全席禁煙(喫煙スペースあり)
予 ディナーフルコースのみ予約可　P 60台(無料)
交 市電「十字街」電停より徒歩3分
HP http://www.gotoken.hakodate.jp/

Lunch menu

季節ごとに旬を味わえる「Bランチ」の一例。パスタは「ヤリイカとほうれん草 しょうがの香り」

restaurant Toui

レストラン トウイ

若松町 洋食

道産食材の良さを生かして日本人に合うイタリアンを

東京のイタリアンレストランで腕を磨いたシェフの東井孝明さんが、あいよる21(函館市総合福祉センター)裏のマンション1階に店をオープンさせたのは１９９９年のこと。自然に恵まれた北海道の食材をふんだんに使い、日本人の味覚に合うイタリアンを提供し続けている。

特別な日のランチにぴったりのコースは3種類。おすすめの「Bランチ」は前菜、20数種類の中から選ぶパスタ、デザート、道産小麦のパン、コーヒーとボリューム満点。ディナーはパスタを含むフルコースが人気で、旬の魚介と野菜たっぷりの前菜に肉か魚のメインディッシュの「おまかせコース」を３６００円からご用意。

1

2

3

4

1 ディナーの前菜は、プロシュートと筍、炙りホタテやズワイガニ、ホタルイカと行者ニンニクなど盛りだくさん

2 「Cランチ」のメイン「ホエー豚のロース肉のグリル」はブラッドオレンジとバルサミコのソースでいただく

3 ディナーのデザートは「おとなの濃厚プリン」、「グレープフルーツとミルクのグラニータ」などの盛り合わせ

4 淡いグリーンの椅子にピンクのテーブルクロスが和らいだ印象を与える落ちついた雰囲気のレストラン

料金 Aランチ…1,400円、Bランチ…1,700円、
Cランチ…2,900円（要予約）、ディナーコース…3,600円～

TEL. 0138-27-0151

ハレの日のランチ＆ディナー

住 函館市若松町32-19 ロイヤルシティ参番館若松町1F
営 11:45～14:30（LO13:30）、18:00～22:00（LO21:00）
休 木曜　C 不可
席 12席　全席禁煙
予 予約がベスト　P 4台（無料）
交 JR「函館駅」より徒歩10分
HP http://hakodatetoui.meisanichiba.jp/

下川町のホワイトアスパラ、噴火湾のホタテとボタンエビ、ライムやバジルのソースで春の息吹を表現

Dinner menu

L'oiseau par Matsunaga

ロワゾー パー マツナガ

柏木町 洋食

驚きと感動を与えてくれる 季節の躍動感を描いた一皿

閑静な住宅街に立つ民家をフランス郊外のレストランをイメージしてリノベーションした店は、オープン以来、訪れる人々に驚きと感動を与えている。オーナーシェフは本場フランスで研鑽を重ねた松永和之さん。帰国後、その芸術的な才能を発揮する場として選んだのが函館。この地に舞い降りたロワゾー（フランス語で鳥の意）は、肌で感じた四季の移ろいを一皿の料理に描いてみせる。

料理はランチ、ディナーともにコースのみ。アミューズからメイン料理、デザートまで、素材はシェフが惚れ込んだ北海道産が中心。昼は緑が眩しい窓からの陽光、夜は淡いライトに照らされて、極上のひとときを過ごしたい。

1 函館の近海で獲れた平目のポワレは春の海をイメージ。おおぶりの平目にタラゴン、パセリのソースにチャイブの花を添えて

2 新茶の季節を表現したデザート。抹茶のクッキーの中にはチョコレートや生クリームが。抹茶のマドレーヌとともに

3 オープンから5年。窓に映る緑も年々その濃さを増して、訪れる人々の目を楽しませている

4 夢を語るにふさわしい特別な日のディナーにおすすめ

料金 ランチコース…3,500円、4,800円、6,500円（各税別）
ディナーコース…7,200円、9,500円、16,000円（各税別）

TEL. 0138-84-1858

住 函館市柏木町4-5
営 12:00～LO13:30、18:00～LO20:30
休 火曜、月曜のディナー、水曜のランチ
C 可（VISA、MASTER、JCB、AMEX、Diner 他）
席 18席　全席禁煙
予 要予約　P 5台（無料）
交 市電「柏木町」電停より徒歩5分　HP http://www.r-loiseau.com

Lunch menu

旬の刺身や季節の食材を使った焼き物、蒸し物などを月替りで味わうお昼限定ミニコース「昼会席」

四季海鮮 旬花

しきかいせん しゅんか

五稜郭町　和食

市場直送の新鮮な魚介類と地元の旬を味わう会席料理

函館の観光名所、五稜郭公園に隣接する高さ１０７ｍの五稜郭タワー２階にある和食処。毎朝、市場に直接出向いて仕入れる港町ならではの新鮮な魚介類は、活きの良い海産物を食べ慣れた市民をもうならせている。

大切な人との会食やお祝いの席には、月替りで季節の味を楽しむ会食プランがおすすめ。ランチはお昼限定のミニコース「昼会席」、夜は和食のフルコースをいただく「旬会席」を各種ご用意。一品料理は「本日のお造り銘々盛」をはじめ、海鮮だけでなく肉料理も食べたいという方には「函館和牛サーロイン石焼」３４８０円（税別）など、老若男女に喜ばれるメニューを揃えている。

1

2

5

3

4

1 市場から直接仕入れた旬の魚介をいただく「本日のお造り銘々盛」1,300円（税別）
2 この日の鉢肴は地元の北寄貝を使った特製グラタン
3 トキシラズの焼き物は天然木を使った「駒ヶ岳木炭」でじっくり焼いた逸品
4 広さや趣の異なる13の個室を揃え、最大で50名様の宴会に対応している
5 廊下に沿って個室が並ぶ店内。近代的な五稜郭タワー内にあるとは思えないほどの風情ある空間が魅力

料金 昼会席…2,500円、3,500円、4,500円（各税別）（ランチ）
月替り旬会席…3,500円～（要前日予約）（ディナー）

TEL. 0138-30-6336

住 函館市五稜郭町43-9 五稜郭タワー2F
営 11:00～15:30（LO15:00）、17:00～21:30（LO20:30）
休 年末年始　C 可（VISA、MASTER、JCB、AMEX 他）
席 120席　喫煙 可
予 予約可、コースは要予約　P なし（近隣有料駐車場利用）
交 市電「五稜郭公園前」電停より徒歩7分
HP http://www.shunka.jp/

彩りの良い七飯町の野菜や果物を中心に使ったランチコースの前菜の盛り合わせ

Lunch menu

restaurant Blanc Vert

レストラン ブランヴェール

七飯町　洋食

季節の移ろいを感じながら瞬間を味わう大自然の恵み

　1999年、上富良野出身の料理人が1本の木に魅せられて、この地にレストランを開いた。店名に選んだのはフランス語の白と緑。真っ白な雪で覆われる冬から新緑が眩しい夏への移ろいを、今やシンボルとなったその木が見守っている。レストランでは、永遠に続く自然の営みの中で、その瞬間にしか味わえない心ときめく一品に出会うことができる。

　オーナーシェフの田中秀幸さんは、七飯町の大自然が育んだ食材を生かし、フレンチの型にはまらないオリジナル料理を作り続けている。きめ細やかなおもてなしと、お客様一人一人に寄り添った心と体に優しい料理が、訪れる人々に至福の時間を与えてくれる。

1

2

3

4

1 ランチのアラカルトとして用意したアスパラ料理。ツブ貝のコンフィとの組み合わせの妙が楽しめる

2 本日のランチの魚料理は「メカジキの網焼き トマトとバルサミコのソース」

3 ディナーコースに欠かせない「ジャガイモのグラタン」。この日の肉料理は「鹿肉のフリカッセ」

4 新緑が美しい中庭の景色を楽しみながら、季節を感じる料理をじっくりと味わいたい

料金 ランチコース…2,160円～(税込)
ディナーコース…5,000円(税別)

TEL. 0138-66-3005

ハレの日のランチ＆ディナー

住 七飯町大川6丁目12-36
営 12:00～LO14:00、18:00～LO20:30
休 月曜(祝日はランチのみ営業)、火・水曜
C 可(VISA、MASTER、JCB、AMEX、Diner 他)
席 26席　全席禁煙　予 要予約　P 15台(無料)
交 JR「函館」駅より車で20分、JR「大中山」駅より徒歩5分
HP http://www.restaurant-blancvert.com/

Lunch menu

厚沢部産黒千石のご飯、七飯町の勝田豆腐店の手づくりどうふや地元野菜を使ったお惣菜などが並ぶ

ななつぶ Salon de Blanc Vert

ななつぶ サロンド ブランヴェール

七飯町　和食

週に2日間だけの口福は、地元野菜を使った家庭料理

店が開くのは週に2日。しかもランチタイムの3時間だけ。12席のテーブルはいつも予約でいっぱいだ。そんな貴重なひとときに味わえるのは、地元七飯の新鮮野菜や旬の食材を使った家庭料理。そのお惣菜のひとつひとつに、心が込もった手づくりの温もりがある。

店は七飯町のフレンチレストラン「ブランヴェール」に隣接するおしゃれなサロン。レストランのパティシエでもある細砂美佳子さんが、昔ながらのおふくろの味をベースに、時にフレンチのエッセンスを加えながら、素材の良さを引き出すことに心を傾ける。豆腐マイスターとして、地元のおいしい豆腐の普及にも力を注いでいる。

1 「ココナッツのブランマンジェ マンゴーソース」パティシエの細砂さんがつくるデザートも楽しみのひとつ
2 この店の主役は、上富良野で育った「ブランヴェール」の田中シェフが絶賛する七飯町のフレッシュな野菜たち
3 壁を飾るのは小樽の芸術家・大畠裕さんの「フロッタージュ」というアート作品
4 レストラン ブランヴェールに隣接するオープンキッチンのあるサロン

料金 ランチ…1,600円（火・水曜のみ営業）

TEL. 0138-66-3005

住 七飯町大川6丁目12-34
営 11:00～LO14:00
休 火・水曜のみオープン　C 不可
席 12席　全席禁煙
予 予約がベス、　P 15台（無料）
交 JR「函館」駅より車で20分、JR「大中山」駅より徒歩5分
HP http://www.restaurant-blancvert.com/

Lunch menu

トマトをくりぬいた器に半熟卵を入れた「ホールとまとオムライス風」。デミグラスソースでいただく

畑のレストラン Huis〜ゆい〜

はたけのレストラン ユイ

北斗市　洋食

オリジナルメニューを彩る自社農園から届く新鮮野菜

２０１６年３月の北海道新幹線の開業と同時に新函館北斗駅前に誕生したレストラン。自社農園で採れた野菜や北斗産の食材を使った体に優しいメニューを提供している。

　オリジナルの新メニュー「ホールとまとオムライス風」や畑をイメージしたイカスミライスとトマトを器にしたグラタンなどを添えた「農園仕立てプレート」には、ジンギスカンやサーモンのちゃんちゃん焼き風など北海道らしいメインが楽しめる。１ブロック離れた自社農園から届く新鮮な野菜、水耕栽培で育てたベビーリーフやラディッシュなど、安全で安心して食べられる野菜の直売も行っている。

1 畑をイメージした「農園仕立てプレート」。土に見えるのはオリーブとツナを乾燥させたもので食べることができる
2 鮮やかな緑が映える「ベビーリーフのジェラート」300円
3 注文に合わせて近くの自社農園から採れたてのフレッシュ野菜が届けられ、店内でも販売している
4 吹き抜けの天井と道南杉の温もりが感じられる店内
5 明るい陽射しが差し込む2階のカウンター席

料金 ホールとまとオムライス風…1,100円
農園仕立てプレート…1,400円
※スープ、サラダ付き(ランチタイムはドリンク1杯サービス)

TEL.0138-83-1241

住 北斗市市渡1丁目3-11
営 11:00~18:00
※ランチタイム11:00~LO14:30、カフェタイム14:30~LO17:00
休 木曜　C 可(VISA、MASTER、JCB、AMEX 他)　席 35席
不可　予 予約可(ディナーは要予約)　P 9台(無料)
交 JR「新函館北斗」駅より徒歩1分
HP http://huis-restaurant.com/

Lunch menu

おすすめの「ニーヨルセット」。この日の主菜は車麩の竜田揚げ、副菜3品、玄米のご飯など

レストラン ニーヨル

レストラン ニーヨル

七飯町　和洋食

駒ヶ岳が見える丘の上のオーガニックレストラン

大沼のミルクロード沿いの丘に立つ一軒家レストラン。東京でスタジオ撮影の現場を中心にケータリングを行っていた原弘美さんが、この場所から見える駒ヶ岳と大沼の雄大な景色に魅せられて２０１０年にオープン。食材は北斗市で農業を始めた弟さんや地元農家から仕入れた有機栽培の野菜を中心に、自分で食べて気に入った低農薬のお米やオーガニック食材を取り寄せて使っている。

ランチは2つのメニューのみ。いずれも原さんが得意とする自然派志向のヘルシーな料理が並ぶ。ジャガイモとタカキビの味噌煮、ダイコンのサラダなど、料理教室を主宰する原さんは材料や作り方も伝授してくれる。

1 「ウインドセット」の主菜はキャベツハンバーグ。キャベツの甘みと食感が豚ひき肉の旨みを引き出している
2 手づくりのデザート「シフォンケーキ」450円
3 大きなテーブルは友人の手づくり。センスが光る家具や食器は23年暮らした東京から運んだ
4 店名の「ニーヨル」は北米先住民族ナバホの言葉で「風」を意味する
5 原さんがこれまで買い集めた食器や雑貨類

料金 ニーヨルセット…1,300円
ウインドセット…1,400円

TEL. 0138-67-3888

住 七飯町軍川570
営 12:00〜15:00(LO14:00)
休 火曜、第1月曜、12〜4月中旬　C 不可
席 14席　禁煙 不可
予 予約可　P 8台(無料)
交 JR「大沼」駅より車で10分
HP なし

こだわりのエサで飼育した山川牛を使用。赤身の部位をミックスした「ローストビーフサンド」は夏季限定

Lunch menu

山川牧場 モータウンファクトリー

やまかわぼくじょう モータウンファクトリー

七飯町　洋食

プレミアム熟成赤身肉の絶品ローストビーフサンド

道道43号沿いの山川牧場ミルクプラントから東へ約４００ｍ。看板を目印に右折するとクリームイエローの建物が見える。店では、飼料からこだわって育てた大沼の山川牛のおいしい赤身でつくったサンドイッチやコロッケ、牛肉加工品などを販売。夏季限定「ローストビーフサンド」は、プレミアム熟成赤身肉のローストビーフを挟んだ人気商品で、テイクアウト用のピクニックパックで提供。

牛肉を贅沢に使った「山川熟成王コロッケ」３５０円や野菜たっぷりの「ミネストローネ」３００円もおすすめ。夏季は11月上旬で一度閉店し、12月上旬から「ほっこり冬カフェ」として冬季営業を開始。

1 久保田牧場のチーズと新鮮なトマトを挟んだ「フレッシュチーズサンド」950円。夏季はピクニックパックで提供

2 店内を飾るのは牛グッズのコレクション。世界各地で購入したものや可愛い手づくり品もある

3 天気の良い日は店の外のテラス席がおすすめ

4 プレミアム熟成赤身肉100%使用の「ステーキソーセージドッグ」は自家製ザワークラウトに良く合う逸品

料金 ローストビーフサンド(ピクニックパック)…980円(夏季限定)
ステーキソーセージドッグ…950円

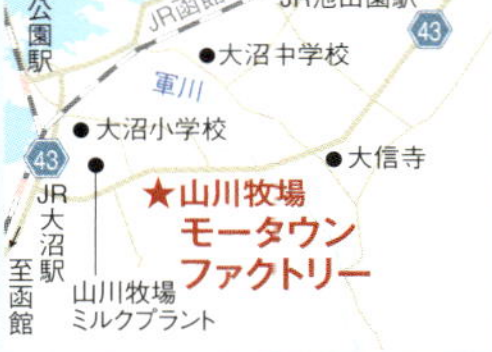

TEL. 0138-67-4920

住 七飯町大沼町889
営 11:30～15:00、土・日曜、祝日11:00～17:00、
牛肉製品の販売9:00～17:00
休 水・木曜　C 不可　席 20席
不可　予 予約可　P 15台(無料)
交 JR「大沼」駅より車で5分
HP http://www.onuma-guide.com/spot/yamakawa_mootown/

Lunch menu

脂がおいしいひこま豚がメインの「季節のランチプレート」は五穀米または2種のパンのどちらかで

カントリーキッチン WALD

カントリーキッチン バルト

七飯町　洋食

旬野菜や地元食材を使った素朴で温かい手づくり料理

大沼公園のほど近くに1986年にオープンした木の温もりあふれるレストラン。横津岳から移設した2棟のカナディアンシーダーハウスからなる店では、地元農家から仕入れた新鮮野菜と厳選した食材を使い、素朴ながら心と体に優しいフレンチやイタリアンがベースの家庭料理が味わえる。

おすすめは、季節ごとに内容を一新する「季節のランチプレート」。駒ケ岳産ひこま豚肩ロースのパン粉焼きや自家製ベーコンと豆のキッシュ、自家製ボロネーゼなど、手づくりにこだわった料理が並ぶ。晴れ渡った空のもと、オープンテラスでいただく自家製ハンバーグや仔羊肉の網焼きなどもまた格別だ。

1 チョリソーとその時どきの野菜を使った「季節のピッツァ」。夏は自家菜園で育った採れたて野菜も登場

2 この日のホームメイドケーキは「ブルーベリーのクリームチーズタルト」。コーヒーまたは紅茶付きは710円

3 カナダ杉を使って柱のない独特な工法でつくられたカナディアンシーダーハウスの店内

4 天気の良い日は雄大な大沼の自然を感じながら、風が心地良いテラス席で食事を楽しみたい

料金 季節のランチプレート…1,620円
季節のピッツァ…1,400円

TEL.0138-67-3877

住 七飯町大沼町301-3
営 11:00〜15:00、17:00〜21:00(LO20:30)
休 水・木曜　C 不可
席 16席　喫煙 不可
予 予約可　P 6台(無料)
交 JR「大沼公園」駅より徒歩5分
HP https://countrykitchenwald.jimdo.com

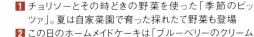

4つのメイン料理から選べる「リバージュランチB」。写真は大沼牛のビーフシチュー

Lunch menu

ターブル ドゥ リバージュ

ターブル ドゥ リバージュ

七飯町　洋食

湖上クルーズが楽しめる大沼湖畔の極上レストラン

大沼の湖畔にたたずむ店は、小鳥のさえずりを聞きながら、ゆったりと過ごせる大人の雰囲気のレストラン。変わりゆく四季折々の景色を切り取った絵画のような窓を眺めつつ、地元食材をふんだんに使った上質なランチを堪能したい。

気軽に味わえる「ワンプレートランチ」１３５０円（税別）をはじめ、それぞれメイン料理を選べるＡ・Ｂの「リバージュランチ」が人気。地元大沼牛のビーフシチューや森町ひこま豚のポークジンジャーなど、ここでしか味わえない料理が揃う。船着場から台船に乗って湖上をゆっくり遊覧しながらランチやデザートをいただく「湖上クルーズ」は夏から秋におすすめ。

1 身の厚い白身魚のタラを香ばしいアーモンドの香りが包む「函館産タラのアーモンドソテー」

2 地元食材を使った料理やデザートが味わえる湖畔のレストラン

3 湖上を遊覧しながらランチやティータイムを過ごす「湖上クルーズ」がおすすめ。運航は5月中旬～10月末

4 「七飯産りんごを使ったアップルパイ 自家製ミルクアイス添え」700円（税別）

料金 リバージュランチ…A1,650円、B2,000円（各税別）
ランチクルーズ…2,600円（税別）

TEL. 0138-67-3003

ちょっと遠くへドライブランチ

住 七飯町大沼町141
営 11:00～LO19:00
休 火曜　C 可（VISA、MASTER、JCB、AMEX 他）
席 60席　禁煙 不可
予 予約可　P 10台（無料）
交 JR「大沼公園」駅より徒歩10分
HP http://www.gengoro.jp

赤身のおいしい大沼牛の薄切りとステーキの2つの味が楽しめる「大沼牛 大人の牛めし」

Lunch menu

源五郎

げんごろう

七飯町　和食

創業50周年の郷土料理店で地元産の川魚料理や牛めしを

１９６８年（昭和43）年創業の郷土料理店。蔵風の外観に日本庭園をイメージしたエントランス、店内には畳敷きの小上がり席もあり、純和風の設えに心が和む。大沼名物のわかさぎや川エビの佃煮をはじめ、うなぎ、鮎の塩焼きなどの川魚料理と地元の大沼牛を使った料理を提供している。

おすすめのランチは、限定駅弁として知られる「大沼牛牛めし」にステーキをプラスしたワンランク上の「大沼牛 大人の牛めし」。つるりとした食感が特徴の大沼のじゅんさいをたっぷりのせて、エビ天を加えた「じゅんさいそば」もおすすめの一品。人気のうなぎは定食からうな丼、うな重、蒲焼２枚の特重もご用意。

1 大沼名物の「わかさぎ筏焼き」380円と「川エビの塩蒸し」380円
2 地元の漁師さんが湖に入って採取した貴重なじゅんさいをそばでいただく「じゅんさいそば」900円
3 座敷が苦手な方はテーブル席へ。お土産用のわかさぎや牛めしも販売している
4 大沼散策のあとには、靴を脱いでくつろげる小上がり席がうれしい

料金 大沼牛 大人の牛めし…1,450円
うなぎ上定食…3,450円

TEL. 0138-67-2005

住 七飯町大沼町145
営 11:00～15:00(金･土･日曜、祝日のみ営業)
休 月～木曜(祝日は営業)　C 可(VISA、MASTER、JCB、AMEX 他)
席 40席　全席禁煙
予 予約可　P 4台(無料)
交 JR「大沼公園」駅より徒歩1分
HP http://www.gengoro.jp

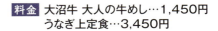

た

TAKA五稜郭 92
タカごりょうかく

ターブル ドゥ リバージュ 122

trattoria QUATTRO 34
トラットリア クアトロ

な

ななつぶ Salon de Blanc Vert 112
ななつぶ サロン ド ブランヴェール

は

函館 寿々半 26
はこだて すずはん

函館蔦屋書店 レストラン FŪSŪ 18
はこだてつたやしょてん レストラン フースー

畑のレストラン Huis〜ゆい〜 114
はたけのレストラン ユイ

BISTRO HAKU 98
ビストロ ハク

Bistro Pas á Pas 64
ビストロ パサパ

ビストロ POOR NO LEISURE 16
ビストロ プア ノー レジャー

BISTRO Bons amis 58
ビストロ ボンザミ

BISTRO やまくろ 46
ビストロ やまくろ

Brasserie Carillon 36
ブラッスリー カリヨン

BENTEN CAFE&DINING 62
ベンテン カフェアンドダイニング

や

山川牧場 モータウンファクトリー 118
やまかわぼくじょう モータウンファクトリー

ら

楽膳 美和邸 44
らくぜん みわてい

RISTORANTE La.Stella 90
リストランテ ラ ステラ

レストキャビン Captain 30
レストキャビン キャプテン

restaurant Toui 104
レストラン トウイ

レストラン nana-papa 60
レストラン ナナパパ

レストラン ニーヨル 116

Restaurante VASCU 74
レストラン バスク

レストラン 柊 40
レストラン ひいらぎ

restaurant Blanc Vert 110
レストラン ブランヴェール

RESTAURAMTE mar y montana 50
レストラン マル モンターニャ

RESTAURANT La tachi 54
レストラン ラ ターチ

レストラン やまもと 100

レストラン ヨシヤ 82

L'oiseau par Matsunaga 106
ロワゾー パー マツナガ

INDEX

あ

阿さ利 本店《あさり ほんてん》 68

板そば 池田や 序葉久《いたそば いけだや じょはきゅう》 22

イタリアンレストラン NOSH《イタリアンレストラン ノッシュ》 56

印度カレー 小いけ 本店《インドカレー こいけ ほんてん》 42

うなぎ処 髙はし《うなぎどころ たかはし》 72

海のダイニング shirokuma《うみのダイニング シロクマ》 10

海まち中華 かりんとう《うみまちちゅうか かりんとう》 84

か

カフェ＆ダイニングバー すず音ドリーム《カフェアンドダイニングバー すずねドリーム》 24

cafe & dining LITT《カフェ アンド ダイニング リット》 14

Café&Restaurant Bees.Bee《カフェアンドレストラン ビーズビー》 86

café dining greed《カフェ ダイニング グリード》 94

カントリーキッチン WALD《カントリーキッチン バルト》 120

キッチン Duke《キッチン デューク》 32

キッチン nosukeya《キッチン ノスケヤ》 38

キッチン やまぐち 96

郷土風味 魚来亭《きょうどふうみ ぎょらいてい》 80

Kumakichi食堂《クマキチしょくどう》 76

熊猫社中 洋食キッチン Sato《くまねこしゃちゅう ようしょくキッチン サトウ》 66

cake & restau La Riviere《ケーキ アンド レスト ラ リヴィエール》 88

源五郎《げんごろう》 124

五島軒 本店《ごとうけん ほんてん》 102

さ

the very very BEAST《ザ ベリー ベリー ビースト》 12

She told me《シー トールド ミー》 20

自家製麺蕎麦工房 M's style《じかせいめんそばこうぼう エムズスタイル》 48

四季海鮮 旬花《しきかいせん しゅんか》 108

四季料理 みしな《しきりょうり みしな》 52

Jolly Jellyfish《ジョリー ジェリーフィッシュ》 28

鮨処 あうん亭 光《すしどころ あうんてい みつ》 70

蕎麦彩彩 久留葉《そばさいさい くるは》 78

［編集］
浅井 精一・草苅 いづみ

［取材・テキスト］
草苅 いづみ

［撮影］
髙橋 ゆかり（foto COEN）

［デザイン・DTP］
垣本 亨

［制作］
株式会社でざいんるーむ
〒040-0011
函館市本町26番18号 第2名美ビル4階
TEL:0138-84-6108　FAX:0138-56-2244

本書の制作にあたり、取材にご協力いただいた掲載各店のみなさまに心より御礼申し上げます。

函館　おとなの美食BOOK
至福のランチ＆ディナー

2018年7月30日　第1版・第1刷発行

著　者　でざいんるーむ
発行者　メイツ出版株式会社
代表者　三渡　治
〒102-0093 東京都千代田区平河町一丁目1-8
TEL：03-5276-3050（編集・営業）
03-5276-3052（注文専用）
FAX：03-5276-3105
印　刷　三松堂株式会社

ISBN978-4-7804-2059-3 C2026 Printed in Japan.

ご意見・ご感想はホームページから承っております。
メイツ出版ホームページアドレス　http://www.mates-publishing.co.jp/

編集長:折居かおる　企画担当:折居かおる　制作担当:清岡香奈